# ACESSO À INFORMAÇÃO EM AMBIENTE WEB

OS ARQUIVOS PÚBLICOS BRASILEIROS DE FATO OFERECEM
NAVEGAÇÃO ACESSÍVEL ÀS PESSOAS COM DEFICIÊNCIA?

CB034627

Editora Appris Ltda.
1.ª Edição - Copyright© 2025 da autora
Direitos de Edição Reservados à Editora Appris Ltda.

Nenhuma parte desta obra poderá ser utilizada indevidamente, sem estar de acordo com a Lei nº
9.610/98. Se incorreções forem encontradas, serão de exclusiva responsabilidade de seus organi-
zadores. Foi realizado o Depósito Legal na Fundação Biblioteca Nacional, de acordo com as Leis nos
10.994, de 14/12/2004, e 12.192, de 14/01/2010.

Catalogação na Fonte
Elaborado por: Josefina A. S. Guedes
Bibliotecária CRB 9/870

| | |
|---|---|
| H834a<br>2025 | Hott, Daniela Francescutti Martins<br>    Acesso à informação em ambiente web: os arquivos públicos<br>brasileiros de fato oferecem navegação acessível às pessoas com<br>deficiência? / Daniela Francescutti Martins Hott. – 1. ed. – Curitiba:<br>Appris, 2025.<br>    173 p. ; 23 cm. – (Arquivologia, documentação e ciência da<br>informação).<br><br>    Inclui referências.<br>    ISBN 978-65-250-7543-3<br><br>    1. Arquivos públicos – Brasil. 2. Acesso à internet – Pessoas com<br>deficiência. 3. Recuperação da informação. 4. Direito à informação.<br>I. Título. II. Série.<br><div align="right">CDD – 027.5</div> |

Livro de acordo com a normalização técnica da ABNT

*Appris editorial*

Editora e Livraria Appris Ltda.
Av. Manoel Ribas, 2265 – Mercês
Curitiba/PR – CEP: 80810-002
Tel. (41) 3156 - 4731
www.editoraappris.com.br

Printed in Brazil
Impresso no Brasil

Daniela Francescutti Martins Hott

# ACESSO À INFORMAÇÃO EM AMBIENTE WEB

OS ARQUIVOS PÚBLICOS BRASILEIROS DE FATO OFERECEM
NAVEGAÇÃO ACESSÍVEL ÀS PESSOAS COM DEFICIÊNCIA?

**Appris** *editora*

Curitiba, PR
2025

# FICHA TÉCNICA

**EDITORIAL**
Augusto Coelho
Sara C. de Andrade Coelho

**COMITÊ EDITORIAL**
Ana El Achkar (Universo/RJ)
Andréa Barbosa Gouveia (UFPR)
Antonio Evangelista de Souza Netto (PUC-SP)
Belinda Cunha (UFPB)
Délton Winter de Carvalho (FMP)
Edson da Silva (UFVJM)
Eliete Correia dos Santos (UEPB)
Erineu Foerste (Ufes)
Fabiano Santos (UERJ-IESP)
Francinete Fernandes de Sousa (UEPB)
Francisco Carlos Duarte (PUCPR)
Francisco de Assis (Fiam-Faam-SP-Brasil)
Gláucia Figueiredo (UNIPAMPA/ UDELAR)
Jacques de Lima Ferreira (UNOESC)
Jean Carlos Gonçalves (UFPR)
José Wálter Nunes (UnB)
Junia de Vilhena (PUC-RIO)

Lucas Mesquita (UNILA)
Márcia Gonçalves (Unitau)
Maria Aparecida Barbosa (USP)
Maria Margarida de Andrade (Umack)
Marilda A. Behrens (PUCPR)
Marília Andrade Torales Campos (UFPR)
Marli Caetano
Patrícia L. Torres (PUCPR)
Paula Costa Mosca Macedo (UNIFESP)
Ramon Blanco (UNILA)
Roberta Ecleide Kelly (NEPE)
Roque Ismael da Costa Güllich (UFFS)
Sergio Gomes (UFRJ)
Tiago Gagliano Pinto Alberto (PUCPR)
Toni Reis (UP)
Valdomiro de Oliveira (UFPR)

**SUPERVISORA EDITORIAL**
Renata C. Lopes

**PRODUÇÃO EDITORIAL**
Adrielli de Almeida

**REVISÃO**
José A. Ramos Junior

**DIAGRAMAÇÃO**
Jhonny Alves dos Reis

**CAPA**
Carlos Pereira

**REVISÃO DE PROVA**
Jibril Keddeh

## COMITÊ CIENTÍFICO DA COLEÇÃO ARQUIVOLOGIA, DOCUMENTAÇÃO E CIÊNCIA DA INFORMAÇÃO

**DIREÇÃO CIENTÍFICA**
Eliete Correia dos Santos (UEPB)

Francinete Fernandes de Sousa (UEPB)

**CONSULTORES**
Fernanda Ribeiro (UP)
Armando Malheiro (UP)
Ana Lúcia Terra (IPP)
Maria Beatriz Marques (UC)
Angelica Alves da Cunha Marques (UnB)
Symone Nayara Calixto Bezerra (ICES)
Meriane Rocha Vieira (UFPB)
Alzira Karla Araújo (UFPB)
Guilhermina de Melo Terra (UFAM)

Julce Mary Cornelsen (UEL)
Májory K. F. de Oliveira Miranda (UFPE)
José Maria Jardim (UFF)
Glauciara Pereira Barbosa (Unesc)
Heloísa Liberalli Bellotto (IEB/ECA/USP)
Francisco de Freitas Leite (Urca)
Maria Divanira de Lima Arcoverde (UEPB)
Suerde Miranda de Oliveira Brito (UEPB)

*[...] a visão assistencialista, que caracteriza o modelo da integração,
interfere e, mais do que isso, é oposta à visão da inclusão.*
*(Marta Gil, 2022)*

# AGRADECIMENTOS

Agradeço às professoras Georgete Medleg Rodrigues e Ivette Kafure Muñoz pelos diálogos reflexivos, que impulsionaram meu crescimento acadêmico.

Aos professores da Faculdade de Ciência da Informação e da Faculdade de Educação da Universidade de Brasília, muito obrigada pelo carinho e práticas inclusivistas, especialmente à incrível parceria acadêmica da colega, doutora em Educação, Joeanne Fraz.

Aos amigos aquáticos da piscina e do lago, em especial à Maria Cristina Carloni pelos feedbacks precisos das leituras prévias — um olhar fora do quadradinho, que fez uma grande diferença.

Aos colegas da Coordenação de Acessibilidade da Diretoria-Geral da Câmara dos Deputados e aos membros da Rede de Acessibilidade pelo eterno diálogo na busca pela inclusão social de todos: Acessibilidade Vibra em Nós.

A todos que participaram das Oficinas da Acessibilidade realizadas nos Congressos Nacionais de Arquivologia e no Congresso Internacional de Humanidades Digitais. Vocês somaram muito neste livro, minha gratidão!

# PREFÁCIO

Vem de longa data meu percurso intelectual e de amizade com a autora deste livro. Essa jornada de mãos dadas nasceu de uma orientação de mestrado com tema exploratório à época, *O acesso aos documentos sigilosos: um estudo das comissões permanentes de avaliação e de acesso nos arquivos brasileiros* (Hott, 2005). Entre a dissertação de mestrado e a tese de doutorado, Daniela deu à luz Nat, que segue os passos da mãe na inteligência, curiosidade e muita garra. E é, como a mãe, atleta e medalhista.

Ao longo desse período, Daniela foi se engajando cada vez mais na causa das pessoas com deficiência. Graças a ela, pude levar esse tema às minhas turmas de graduação do curso de Arquivologia da Universidade de Brasília, tendo-a como palestrante permanente. E posso constatar o impacto de suas palavras nas minhas turmas, a surpresa das alunas e alunos em constatar que sabem muito pouco sobre as pessoas com deficiência, além do exemplo positivo que ela passa pelo fato de ser uma pessoa surda (oralizada, como ela faz questão de sempre reafirmar com orgulho). O impacto sobre mim também foi considerável. Aprendi e aprendo muito com a Daniela. É um efeito pedagógico incomensurável. Obrigada por isso também, Dani.

Dito isso, passo agora ao conteúdo deste livro, fruto da tese de doutorado da Dani. Inicialmente, gostaria de destacar que parte desta obra é autobiográfica; outra, um manifesto contra a exclusão e pela cidadania plena das pessoas com deficiência. Outra parte é claramente propositiva, à maneira da autora.

Embora não seja explicitado, a pesquisa de Daniela se insere no que se convencionou denominar de *Disability studies*, uma área de pesquisa que pretende investigar a passagem radical de um modelo de compreensão sobre as pessoas com deficiência — centrado na medicina, no individual e em patologias — para um modelo de apreensão do tema sob uma perspectiva social e política (Yves-Baudot, 2022). Assim, com um olhar no social e na política, Daniela percebeu que no Brasil, no debate e nas políticas relacionadas ao acesso às informações, uma parcela importante da população brasileira não estava contemplada em seus direitos fundamentais como cidadãos e cidadãs. Essa percepção deveu-se, em parte, à sua formação como arquivista, em parte ao seu engajamento resoluto na luta em favor da inclusão das pessoas com deficiência, no seu reconhecimento de uma cidadania plena.

Na pesquisa de Daniela, fica evidente que o direito de acesso à informação e o direito das pessoas com deficiência são parte de um mesmo direito universal. Assim, seu trabalho faz um percurso histórico mostrando as diferentes denominações das pessoas com deficiência. Um dos quadros do livro ilustra didaticamente como essas denominações aparecem na legislação brasileira desde o início do século XX. O papel da ONU para impulsionar a elaboração de leis nacionais e o estabelecimento de diretrizes voltadas para a enorme parcela da população mundial com algum tipo de deficiência é ressaltado neste livro.

À discussão acerca do direito de acesso à informação, Daniela traz o conceito de acessibilidade, que é mais amplo, pois supõe também as maneiras pelas quais as pessoas com deficiência podem acessar informações seja em sites institucionais seja em prédios. De todo modo, lembra a autora, no campo da Arquivologia, há um interesse em conhecer como as instituições disponibilizam suas informações tendo em vista as tecnologias digitais de comunicação e informação pensando no acesso e na acessibilidade. Nesse caso, Daniela nos apresenta as diretrizes internacionais e nacionais sobre acessibilidade para a "promoção do acesso" às informações.

Assim, para responder se um modelo de portal institucional fundamentado nos requisitos de acessibilidade poderia garantir o exercício do direito de acesso às informações para pessoas com deficiência, a pesquisa analisou todos os arquivos públicos estaduais, o Arquivo Nacional e arquivos dos poderes legislativo e judiciário com sede no Distrito Federal e que integram a Rede de Acessibilidade, incluindo o Arquivo da Universidade Federal de Santa Maria (UFSM) e o Arquivo da Fiocruz, estes dois últimos pelo fato de estarem, à época da pesquisa, implementando a linguagem simples. Para analisar esse universo, Daniela se baseou em rigorosos parâmetros de avaliação.

A autora observa que para as pessoas com deficiência o mundo virtual se apresenta, nas suas próprias palavras, "como uma porta aberta para diferentes informações". Nesse sentido, ela faz algumas recomendações aos gestores de Arquivos Públicos, tais como avaliar o grau de acessibilidade de seus sítios; adotar a audiodescrição nos conteúdos audiovisuais;

disponibilizar o ícone do tradutor de Língua Portuguesa para Libras no site institucional do Arquivo Público; aplicar o Instrumento de Autoavaliação de Acessibilidade; promover oficinas de acessibilidade atitudinal.

Finalmente, gostaria de concluir esse prefácio destacando dois aspectos do livro de Daniela. Em primeiro lugar, como a Arquivologia fornece elementos conceituais e práticos para a compreensão da organização das informações, de sua representação e das maneiras de torná-las acessíveis e de como essa disciplina — a Arquivologia — deve se manter atualizada com as tecnologias assistivas. Em segundo, ela aponta para a necessidade de as instituições se familiarizarem com materiais digitais, trazê-los como subsídios para o planejamento de websites institucionais de modo a torná-los acessíveis. E, ainda aqui, a autora lembra que instrumentos conceituais e práticos da Arquivologia, como a descrição arquivística, associados às normas de acessibilidade, possam ser disponibilizados para propiciar o acesso universal, para que incluam as pessoas com deficiência.

**Professora Georgete Medleg Rodrigues**
*Faculdade de Ciência da Informação da Universidade de Brasília*

## REFERÊNCIAS

HOTT, Daniela Francescutti Martins. **O acesso aos documentos sigilosos**: um estudo das comissões permanentes de avaliação e de acesso nos arquivos brasileiros. 2005. 409 f., il. Dissertação (Mestrado em Ciência da Informação). Universidade de Brasília, Brasília, 2005. Disponível em https://repositorio.unb. br/jspui/handle/10482/11390. Acesso em: 10 jan. 2022.

YVES-BAUDOT, Pierre. Les politiques du handicap. **Politiques sociales**. États du savoir. Paris, 2022. Disponível em: https://shs.cairn.info/article/DEC_GIRAU_2022_01_0097. Acesso em: 7 jun. 2024.

*Ao meu pai, Prof. PhD. Luiz Carlos Martins (1945-2012), uma cumplicidade só nossa: "o que é ano-luz?". À minha mãe, Maria Tereza Francescutti Martins, sempre me incentivando a alçar voos ditos impossíveis.*

# APRESENTAÇÃO

Talvez eu seja uma das primeiras alunas e professoras surdas oralizadas do curso de Arquivologia do Brasil e também do curso de mestrado e doutorado em Ciência da Informação. Durante minha trajetória acadêmica e profissional, meus estudos sempre versaram sobre as questões relacionadas ao acesso à informação. Durante os cursos de graduação e especialização, abordei a interface da tecnologia no escopo desse acesso. Em minha dissertação, mapeei os aspectos de acesso e de avaliação de documentos sigilosos das instituições arquivísticas custodiadoras destes acervos arquivísticos e, no doutorado, busco alavancar a importância destas instituições para que se garanta o acesso à informação para todas as pessoas.

*A AUTORA, 2024*

# SUMÁRIO

**1**

**INTRODUÇÃO** ................................................................. 19
1.1 O CIDADÃO COM DEFICIÊNCIA NO CONTEXTO DA PROMOÇÃO DO ACESSO
À INFORMAÇÃO ............................................................... 27

**2**

**A PESSOA COM DEFICIÊNCIA NOS NORMATIVOS DE ACESSO E NOS
VERBETES PARA ACESSO E ACESSIBILIDADE.** ........................... 35
2.1 SOCIEDADE INCLUSIVA E CIDADÃ ........................................ 36
2.2 DIRETRIZES NACIONAIS E INTERNACIONAIS DE ACESSIBILIDADE NA
PROMOÇÃO DO ACESSO ÀS INFORMAÇÕES .................................. 52
2.3 DIFERENÇAS E/OU APROXIMAÇÕES TERMINOLÓGICAS PARA ACESSO
E ACESSIBILIDADE ............................................................ 63
2.4 DIALOGANDO COM AUTORES DA ARQUIVOLOGIA ....................... 71

**3**

**CAMINHOS PERCORRIDOS.** ................................................ 89
3.1 PRÁTICAS INFORMACIONAIS EM AMBIENTE *WEB* ...................... 91
3.1.1 Gestores de Ambientes *Web* ......................................... 91
3.1.2 Usuários .................................................................. 111

**4**

**ARQUIVOS PÚBLICOS BRASILEIROS E A PROMOÇÃO DO ACESSO À
INFORMAÇÃO.** ............................................................... 115
4.1. ANALISANDO OS DADOS SOCIODEMOGRÁFICOS ....................... 118
4.2 DADOS INSTITUCIONAIS DO ARQUIVO PÚBLICO ....................... 122
4.3 DADOS SOBRE O ACERVO DISPONÍVEL EM AMBIENTE WEB ............ 131
4.4 ACESSIBILIDADE NOS ARQUIVOS PÚBLICOS: HÁ ACESSO DE FATO? ... 134
4.5 CONTRIBUIÇÃO ARQUIVÍSTICA PARA A ACESSIBILIDADE: ESTRATÉGIAS
BÁSICAS PARA A PROMOÇÃO DO ACESSO. ................................. 142
4.5.1 Ferramentas de avaliação da acessibilidade de sítios .............. 143
4.5.2 Audiodescrição em conteúdos audiovisuais e em mídias sociais ........ 143
4.5.3 Tradutor de Língua Portuguesa para Libras .......................... 144

4.5.4 Instrumento de Autoavaliação de Acessibilidade........................ 144

4.5.5 Oficinas de Acessibilidade Atitudinal.................................... 145

## 5
## CONSIDERAÇÕES FINAIS.................................................. 147

5.1 RECOMENDAÇÕES: NOVOS HORIZONTES PARA NOVOS ESTUDOS......... 150

## REFERÊNCIAS.......................................................... 151

# INTRODUÇÃO

As discussões acerca da promoção do acesso à informação estão intimamente relacionadas à minha própria história de vida em um papel triplo: como pessoa com deficiência, como mãe de uma pessoa com deficiência e como profissional que atua na área de acessibilidade em um órgão de grande importância para a sociedade brasileira. Clinicamente sou considerada pessoa com surdez pré-lingual, que é

> [...] aquela que se instala antes que a criança tenha tido o contato com a linguagem oral suficiente para aprender a ler, falar ou entender a fala. São pacientes sem memória auditiva. Esse grupo é composto em sua maioria por bebês que tiveram resultado negativo no teste das otoemissões acústicas (teste da orelhinha) **ou por crianças que não apresentaram desenvolvimento normal da fala nos** primeiros meses ou **anos de vida**, chamando a atenção dos pais ou do pediatra (Moreira, 2021, grifo nosso).

No entanto, aqui cabe a observação de que, para minha família, definir-me como surda é, até hoje, de difícil aceitação, pois meus tios relembram carinhosamente que eu "falava". Era um dialeto meu, uma comunicação própria, que somente as pessoas que conviviam comigo (meus pais e meus tios) conseguiam "entender minhas falas". De acordo com minha madrinha (2020): *"É claro que havia dificuldades, muitas. Mas para mim, você sempre identificava ou sentia alguns barulhos, sobretudo os graves e em alto volume. E, você, Dani, sempre respondia a algumas ordens orais"*. Será que essa compreensão não estava somada às imagens, aos objetos, de forma que facilitavam minha interação com o mundo?

As causas de minha perda auditiva até hoje não foram equacionadas pelo sequenciamento genético e a última, realizada em 2017, considerou mais de 40 variantes genéticas que causam surdez. Particularmente, no meu caso, ou foi a rubéola contraída durante minha gestação ou foi o sarampo que tive com um ano de idade ou, a mais provável, os genes resolveram me premiar, uma vez que minha filha também tem perda auditiva neurossensorial profunda[1] bilateral progressiva.

Comecei a fazer fonoterapias e a usar aparelhos de amplificação sonora individualizada (AASI) somente a partir dos meus 4 anos de idade, graças ao diagnóstico certeiro de minha professora do maternal. Até então, de acordo com o pediatra, eu sofria de choque de culturas, pois passei minha primeira infância nos Estados Unidos (de 1972 a 1976).

Quando retornei ao Brasil, frequentei escolas públicas normais e, no contraturno, as sessões de fonoterapias. Assim foi até ingressar na Universidade Federal Fluminense (UFF), em 1993, na qual me graduei em Arquivologia.

A participação familiar constante com certeza me ajudou a alçar voos mais altos na sociedade, principalmente se considerarmos que meu processo educacional ocorreu numa época em que não havia apoio regulamentar como hoje, em especial após a promulgação, como *status* constitucional, da Convenção Internacional sobre os Direitos das Pessoas com Deficiência em 2009. Registro aqui o importante papel da família em meu processo de oralização, pois as práticas de reabilitação são essenciais para quaisquer tipo e grau de deficiência, assim como o convívio sistemático com os ouvintes.

Até então, minha interação com pessoas com deficiência se resumia somente a quatro, uma colega de classe cega no Ensino Fundamental I e dois colegas surdos, ambos oralizados, um deles é amigo de família da nossa fase norte-americana; e outro frequentava o mesmo local onde fazíamos as fonoterapias da voz no início de minha fase adulta. Não me recordo, em minha infância, adolescência e início de fase adulta, do convívio com outras pessoas com deficiência. Creio que porque a vida inteira convivi socialmente com ouvintes.

É bem verdade que, após o nascimento de minha filha, em 2004, encontrei com bebês e com crianças surdas candidatas ao **implante**

---

[1] Nossa perda se caracteriza por lesões das células ciliadas que ficam dentro da cóclea do ouvido. Vamos imaginar que as células ciliadas são um gramado lindo e quando o vento bate ele vai para um lado e outro de forma harmoniosa. No meu caso e de minha filha, o gramado está muito mal cortado, temos gramas altas e outras absurdamente curtas ou inexistentes. Assim, quando o vento bate, o som não chega adequadamente aos nossos ouvidos. Um exemplo que gosto de mencionar é o que meu pai me contava. Ele perguntava: *"Daniela, qual é o seu nome?"* E eu respondia: *"Laléia!"*. Porque era o que eu compreendia, o som até hoje chega mais ou menos assim para mim, mas como fiz fonoterapias e uso aparelhos de amplificação sonora individualizada, aprendi a ler e a escrever que meu nome é Daniela.

**coclear**[2] no Centrinho de Bauru (São Paulo) e com uma ou outra criança e adolescente durante o processo de reabilitação auditiva dela em Brasília (Distrito Federal).

Meu primeiro contato com a Língua Brasileira de Sinais (Libras) e a comunidade surda somente ocorreu em decorrência da minha trajetória profissional na Câmara dos Deputados, quando, em 2015, passei a integrar a equipe multidisciplinar da Coordenação de Acessibilidade na Casa Legislativa. Cabe aqui destacar que sou servidora concursada, aprovada em concurso público para o cargo de Analista Legislativo — Arquivista, fora da cota destinada, por lei, a pessoas com deficiência. Sou servidora da Câmara dos Deputados desde 1998.

Minha perda auditiva é progressiva. Todavia, em 1973, época em que fecharam meu diagnóstico, eu apresentava perda auditiva bilateral severa a profunda, clinicamente enquadrando-me como pessoa com surdez pré-lingual. Desde 2015 apresento perda auditiva neurossensorial bilateral profunda, sendo uma potencial candidata à cirurgia do implante coclear. Em julho de 2023 fiz a cirurgia e hoje sou a usuária mais feliz no mundo dos sons. Conseguir identificar e compreender trechos de letras das músicas não tem preço, assim como dirigir corretamente em direção ao som. Acabou-se ficar girando sem direção, feito "uma barata tonta". Hoje sou usuária bimodal: de um lado uso aparelho de audição e de outro o implante coclear.

Talvez eu seja uma das primeiras alunas e professoras surdas oralizadas do Curso de Arquivologia do Brasil e também do Curso de Mestrado e Doutorado em Ciência da Informação (Universidade de Brasília — UnB). Durante minha trajetória acadêmica e profissional, meus estudos sempre versaram sobre as questões relacionadas ao acesso à informação. Durante os cursos de Graduação e Especialização, abordei a interface da tecnologia no escopo desse acesso. Em minha dissertação, mapeei os aspectos de acesso e de avaliação de documentos sigilosos das instituições arquivís-

---

[2] Dispositivo eletrônico, parcialmente implantado, que visa proporcionar aos usuários sensação auditiva próxima ao fisiológico. O Implante Coclear (IC) possui uma parte externa e outra interna. A parte externa é constituída por um microfone, um microprocessador de fala e um transmissor. A parte interna possui um receptor e estimulador, um eletrodo de referência e um conjunto de eletrodos que são inseridos dentro da cóclea. Esse dispositivo eletrônico tem por objetivo estimular, por meio dos eletrodos, o nervo auditivo que, por sua vez, leva os sinais para o encéfalo, no qual serão decodificados e interpretados como sons. Resumidamente, o IC assume a função das células ciliadas internas, ativando o nervo auditivo diretamente. Trata-se de uma tecnologia assistiva indicada para aqueles com perda neurossensorial bilateral de grau severo a profundo que não se beneficiam do AASI.

ticas custodiadoras destes acervos arquivísticos e, no Doutorado, busquei enfatizar a importância destas instituições para que o acesso à informação para todas as pessoas seja garantido.

No Brasil, uma das grandes inovações trazidas pela Lei de Acesso à Informação (LAI), Lei 12.527, de 2011, é o fato de determinar claramente a disponibilização de informações compreensíveis, acessíveis e de fácil dedução (Brasil, 2011). Por isso, cada vez mais, os órgãos governamentais devem se preocupar em garantir que seus conteúdos e serviços sejam acessíveis a qualquer cidadão. Mas isto significa transpor barreiras atitudinais?

Ao fazermos um corte cronológico, pode-se afirmar que o mundo viveu (ainda vive) em um modelo de comunicação e de organização de informação, vislumbrado por Vannevar Bush, em 1945, que geraria uma grande preocupação no futuro: o crescimento da produção e do armazenamento da informação.

O mecanismo de armazenamento e recuperação da informação em microfilmes (Memex) apontado por Bush (1945) e que configura o hipertexto é atualmente utilizado para criar associações e fazer links entre informações. Nesse sentido, o uso da web, por meio de seus portais virtuais, é hoje uma das ferramentas mais utilizadas por instituições governamentais para a disponibilização das informações, das ações e das prestações de contas, favorecendo, dessa forma, a democratização da informação para a sociedade e legitimando o papel do Estado.

No atual momento histórico, século XXI, vislumbra-se uma sociedade atuante em dois papéis distintos: o exercício de usufruto de direitos como cidadãos em um Estado e o exercício do dever como cidadãos no papel fiscalizador do Estado no que tange às políticas públicas. Infere-se, deste modo, uma concepção de que a informação é qualificada como instrumento modificador da consciência e da sociedade como um todo. Essa atuação procede da existência de normativas, diretrizes, recomendações e legislação nacional e internacional. Contudo, percebe-se que os ambientes web, no Brasil, ainda não atendem a isso em seu contexto universal, como proposto por Tim Berners-Lee (1989)[3], dificultando a existência desses dois papéis na sociedade.

---

[3]  Tim Berners-Lee elaborou uma proposta que contemplava a existência de um grande sistema de gestão da informação, em que todas as pessoas poderiam frequentá-la como se estivessem uma grande praça pública sem sair de suas casas. Como se fossem grandes espaços virtuais configurados de forma a possibilitar uma maior integração e compartilhamento simultâneo de informações entre as mais diversas pessoas, independentemente das distâncias geográficas e dos fusos horários entre elas. De fato, esse sistema se consolidou

Quando usamos um browser ou um navegador web de nossa escolha como Google Chrome, Internet Explorer, Firefox, entre outros, para navegar na internet, estamos em ambiente web, ou seja, entramos em portais institucionais sejam eles governamentais, e-commerce e/ou e-learning. São ambientes em que fazemos nossas pesquisas, todavia esse acesso somente acontece desde que se tenha, em mãos, qualquer dispositivo eletrônico com conexão a internet como os computadores, smartphones e tablets. Trata-se de um mundo virtual vasto, infinito e ainda em expansão, como pontuado por Tim Bernes-Lee e vislumbrado por Bush.

Levando-se em conta o universo institucional do Poder Legislativo brasileiro, considerado um dos pilares da democracia e a sua interação com a população, o uso da web traz impactos significativos e de qualidade no processo democrático instituído no país, com maior ou menor participação popular. Ainda é preciso considerar que os portais do Legislativo contribuem para a accountability[4], sobretudo nos aspectos de prestação de contas e responsabilização dos agentes políticos, pois possibilitam ao cidadão acompanhar os trabalhos de cada parlamentar e, de modo específico, da instituição, genericamente (Miranda et al., 2013).

Reforça-se, neste estudo, que o acesso à informação é item de controle da cidadania. A noção de direitos de cidadania aponta para a demanda por igualdade entre os indivíduos não exclusivos de um determinado grupo social, ou seja, que pertencem a qualquer cidadão, independentemente de sua cultura, etnia, religião, nacionalidade e gênero. Na literatura internacional, depreende-se que o marco dessas ações — a de promoção do acesso à informação e o exercício da cidadania como um direito de todos — teve início na década de 1960. Embora haja diferentes correntes para o conceito de cidadania, há um relativo consenso em torno da proposta de Marshall (1967, p. 61-62), que propôs a primeira teoria sociológica de cidadania ao desenvolver os direitos e as obrigações inerentes à condição de cidadão.

---

graças ao ambiente web. A internet proporcionou a existência de vários ambientes juntos e integrados, sejam eles uma biblioteca, um consultório médico, uma loja, uma escola, um escritório, uma repetição pública de atendimento público como as zonas eleitorais, e outros mais. Pelo menos metade do mundo está on-line.

[4] Para Marques (2015, p. 45-46), a palavra que melhor o traduz o termo é "responsabilização". "Accountability é a expressão utilizada para tratar da obrigação e capacidade de uma pessoa ou instituição de prestar contas a outra pessoa ou instituição. [...] O termo accountability implica que as ações dos representantes sejam passíveis de recompensa ou punição por parte dos representados. Essa premissa é uma das principais diferenças entre a accountability e a simples prestação de contas. [...] De forma geral, o termo diz respeito à obrigação dos governos e governantes de responder e justificar suas escolhas para os cidadãos".

Apesar de a práxis de prestação de contas existir desde antes da implementação da LAI (Brasil, 2011), regulamentada em 2012, o Congresso Nacional está entre as instituições de menor credibilidade de acordo com a sociedade brasileira. A Câmara dos Deputados (CD) é a Casa mais mal avaliada de acordo com a primeira Pesquisa de Opinião de 2020 da Agência de Comunicações da Confederação Nacional de Transporte e a terceira edição da Pesquisa Fórum, conforme apontam os extratos elaborados pelo Edelman Trust Barometer 2020.

Por outro lado, vale destacar que essa avaliação se contrapõe a outros informações, se considerarmos as premiações do Portal da CD. Apenas no Internet World Best (iBest) foram dez premiações, em diferentes categorias. Somam-se a isso as menções como destaque nos relatórios da Organização das Nações Unidas (ONU) e do Banco Mundial, sobretudo nos quesitos de transparência de dados e de modelo de plataforma na promoção de informação digital.

Ao observamos a interação com a população brasileira, verifica-se outro indício importante: a ação cidadã no processo de acompanhamento das atividades governamentais, ainda muito embrionária, diferentemente do que ocorre em alguns países europeus, como Espanha, Holanda, Suíça.

A título de exemplo, os relatórios da LAI do período de 2012 a 2020, disponibilizados no portal da CD, indicam que a promulgação da Lei 12.527/2011 muito colaborou para a transparência das prestações de contas e das informações das instituições governamentais. No entanto, é preciso considerar que existe significativa distância entre a disponibilização da informação e o seu efetivo acesso, sua compreensão e utilização por parte dos cidadãos, especificamente das pessoas com deficiência. A disponibili-zação dessas informações às pessoas com deficiência é também atribuição sine qua non dessas instituições, pois esse público é expressivo e bastante representativo na sociedade.

No Relatório do Banco Mundial[5], de abril de 2016 e conforme o Disabilty Overview, consta que a população mundial é composta de 15% de pessoas com deficiência, ou seja, aproximadamente um sétimo do total mundial estimado ou 1 bilhão de pessoas vivenciam tal realidade. No caso brasileiro, segundo o Censo do Instituto Brasileiro de Geografia e Estatística (IBGE) de 2010[6], as pessoas com deficiência representam quase

---

[5]  Disponível em: https://www.worldbank.org/en/publication/wdr2016. Acesso em: 2 set. 2024.

[6]  O Censo do IBGE de 2020 foi realizado em 2021 por força da pandemia da covid-19.

um quarto da população, totalizando 45,6 milhões de brasileiros. Deste quantitativo, 18,7% são pessoas com deficiência visual, 6,9% são pessoas com deficiência física e motora, 5% são pessoas com deficiência auditiva e 1,3% correspondem a pessoas com deficiência intelectual[7].

Recursos de tecnologia assistiva voltados para a acessibilidade comunicacional como o Braille, a Libras, a audiodescrição (AD), a legenda e o sistema DAISY para livros em formatos acessíveis estão atualmente disponíveis e podem ser utilizados por qualquer instituição. Embora o uso de intérpretes de Libras seja recorrente nas lives, os demais recursos de acessibilidade de comunicação ainda são pouco ou nada utilizados por emissoras de televisão, editoras de livros, companhias telefônicas, eventos e instituições governamentais que lidam com o atendimento ao público, como arquivos, bibliotecas e museus.

De maneira geral, as tecnologias e os recursos disponíveis, muitos deles gratuitos, permanecem ignorados pelos gestores das instituições governamentais. Destarte, no caso particular do cidadão com deficiência, o acesso às unidades de informação — quer seja o acesso físico, quer seja o acesso digital às informações disponibilizadas nos portais eletrônicos, nos sistemas de bancos de dados e nos repositórios — ainda apresenta sérios entraves. E, apesar da existência de legislação e normativas no país, a literatura e a prática diária indicam que a falta de acessibilidade prepondera nesse contexto, fazendo com que persistam ainda muitos desafios.

O mundo virtual se apresenta, de fato, como uma grande porta aberta para essas pessoas. Entretanto, para que essa realidade se amplie, há que se efetivar algumas recomendações e/ou diretrizes de acessibilidade para tornar o conteúdo da web acessível a todos. Tais diretrizes se destinam especificamente a autores, projetistas, desenvolvedores de páginas, designer de aplicativos e de ferramentas para criação de conteúdo (Fraz et al., 2019).

Possibilitar ao indivíduo com deficiência utilizar informações de forma autônoma torna-se um dos caminhos para que ele adquira cidadania, visto que, de tal forma, conquista-se o direito de se integrar à sociedade, visando à diminuição de desigualdades e à garantia de um futuro melhor. A prática destas recomendações não beneficia somente pessoas com deficiência, mas também aquelas que enfrentam outras

---

[7] Sem contar o que escapa das estatísticas oficiais, são dados que deveriam ser sistematizados de forma rotineira para o sucesso das implementações das políticas públicas.

situações adversas, como uma conexão de internet lenta devido à falta de infraestrutura tecnológica que garanta a transmissão, comutação ou roteamento dos sinais digitais.

Sobremaneira, percebe-se que ocorreram avanços no arcabouço que constitui a tecnologia assistiva[8], também denominadas como o lançamento da Suíte Vlibras, apresentada em 2016 à comunidade surda e aos órgãos públicos. Trata-se de um conjunto de ferramentas computacionais de código aberto, gratuito, que é capaz de traduzir automaticamente conteúdos digitais, texto, áudio e vídeo em Libras, tornando computadores, dispositivos móveis e plataformas web acessíveis para pessoas surdas não usuárias da língua portuguesa.

A pandemia da covid-19 no período de 2020 a 2021 fez explodir o fenômeno das lives, disponibilizadas pelos canais do YouTube, do Instagram e do Facebook. Consequentemente, houve movimentos de sensibilização por parte de surdos oralizados[9] e também de pessoas cegas e/ou de baixa visão, que têm pressionado para que essas lives também sejam ofertadas com legendas e AD.

A acessibilidade digital, graças às tecnologias e, sobretudo, ao processo de aprendizagem e à apropriação de tais ferramentas, possibilita novos horizontes para pessoas com deficiência. As unidades de informação devem responder aos desafios do campo da acessibilidade, buscando novas formas para fornecer informação a esse público usuário, fazendo o uso das tecnologias assistivas que existem no mercado e com investimento cada vez mais viável. Dessa forma, atende-se a um sétimo da população mundial e, no caso brasileiro, a um quarto da população.

A Arquivologia é um campo do conhecimento que pesquisa o fenômeno da informação, suas propriedades e seu comportamento, assim como os elementos que regem tanto o fluxo informacional quanto os meios de

---

[8] O Comitê de Ajudas Técnicas da Secretaria Especial das Pessoas e dos Direitos da Pessoa com Deficiência em 2007 dá uma visão mais ampla para a tecnologia assistiva: "[...] é uma área do conhecimento, de característica interdisciplinar, que engloba produtos, recursos, metodologias, estratégias, práticas e serviços que objetivam promover a funcionalidade, relacionada à atividade e participação, de pessoas com deficiência, incapacidades ou mobilidade reduzida, visando sua autonomia, independência, qualidade de vida e inclusão social" (Bersch, 2017, p. 4). Em conformidade com o Inciso III do art. 3º da Lei 13.146, de 2015.

[9] São aqueles que adotaram o processo de reabilitação auditiva por meio de fonoterapias e uso de aparelhos de audição — AASI e/ou IC, entre outros — e muitos fazem uso também da leitura labial para melhor compreensão do contexto. São pessoas que se expressam verbalmente na língua portuguesa e têm convívio diário com pessoas não surdas. Há, ainda, aquelas pessoas que se tornaram surdas por causa de algum acidente ou doença, depois de alfabetizadas. Incluem-se também as pessoas que têm perda auditiva unilateral (Nota da autora).

processamento da informação para propiciar o acesso e o uso. Em vista disso, nesta obra, propõe-se uma reaproximação com o usuário na perspectiva de um público diferenciado composto por pessoas com deficiência.

O estudo buscou aprofundamentos teóricos na área de acessibilidade e de acesso para os ambientes web dos portais institucionais dos arquivos brasileiros, apontando a complementaridade entre a LAI (Brasil, 2011) e a Lei 13.146, de 2015, a LBI. Dessa forma, reafirmamos a contribuição da Ciência da Informação com as demais áreas do conhecimento, que estudam e aplicam processos de representação e de organização da informação, dado que a estrutura informacional dos ambientes web deve ser clara e acessível para o perfil de usuários em tela.

## 1.1 O CIDADÃO COM DEFICIÊNCIA NO CONTEXTO DA PROMOÇÃO DO ACESSO À INFORMAÇÃO

Nortear os requisitos de acessibilidade na promoção do acesso à informação em ambientes web dos portais institucionais dos arquivos brasileiros para os cidadãos com deficiência em consonância com a LAI (Brasil, 2011) e a LBI (Brasil, 2015) justifica-se pela necessidade de se buscar sua compreensão num contexto mais amplo do direito à informação das pessoas com deficiência e das políticas de acessibilidade e de informação do Estado brasileiro.

Ferreira (2003) aponta que, de modo geral, o cidadão somente se permite o exercício de sua cidadania quando tem conhecimento de seus direitos e deveres. Com a implementação da LAI em 2012 (Brasil, 2011), o acesso à informação proporcionou o desenvolvimento do potencial criativo e intelectual dos cidadãos brasileiros, tornando públicas as proposições políticas e as decisões tomadas na esfera do Estado, com reflexo direto sobre a qualidade de vida das pessoas.

Entende-se aqui que o direito à informação na chamada Era da Informação ou Era da Globalização está instituído em ambientes web, também denominados e-government, e se enquadra como uma prática de política de informação do Estado, pois se trata de um ambiente virtual no qual a pessoa com deficiência apropria-se e usa as informações lá disponibilizadas. Como observam Rego e Freire (2018), esse acesso é tanto para o exercício de seus direitos quanto de seus deveres, como é o caso dos portais da Receita Federal, do e-social, do Instituto Nacional do Seguro

Social (INSS), dos Departamentos Estaduais de Trânsito (Detrans), entre outros, ações essas planejadas e implementadas pelo Estado.

É nesse sentido que Jardim e Miranda (2015), por exemplo, debateram durante o XVI Encontro Nacional de Pesquisa em Ciência da Informação (ENANCIB), embora não explicitem no escopo as pessoas com deficiência, mas enfatizam que "[...] a informação deve ser comunicada de forma eficiente, ou seja, com rapidez, transparência e em linguagem de fácil compreensão" (Jardim; Miranda, 2015, p. 2).

O direito ao acesso à informação pública, contemplado na LAI (Brasil, 2011), representa a legitimidade do cidadão (sobretudo, cidadão com deficiência) de ser informado e se informar sobre os atos governamentais. Segundo Jardim e Miranda (2015, p. 2), "a LAI enfatiza a dimensão epicêntrica da informação nas relações entre Estado e Sociedade Civil".

Os avanços tecnológicos nas áreas de Tecnologias Digitais de Informação e Comunicação (TDIC) possibilitaram saltos inimagináveis no processamento técnico para o tratamento dos recursos informacionais como um todo e, acredita-se ser essa a base para a garantia de acessibilidade a todos, assertiva pontuada por Hott e Rodrigues (2019) no artigo "Os direitos de acesso e de acessibilidade dos cidadãos: uma análise preliminar na legislação arquivística brasileira".

A Arquivologia é uma área do conhecimento que tem a interdisciplinaridade como uma de suas características. Essa interdisciplinaridade pode ser observada em textos de Paes (1997), Santos, Inarelli e Souza (2007); Marques (2013); Rondinelli (2013); Mariz (2014); Eastwood e MacNeil (2016) e também Gilliland, McKemmish e Law (2019). A interlocução desses autores é também pertinente e aprofundada pelos integrantes do grupo de pesquisa Estado, Informação e Sociedade, certificado pela UnB e cadastrado no Conselho Nacional de Desenvolvimento Científico e Tecnológico (CNPq), os quais discorrem sobre os arquivos nas suas dimensões social, cultural e política, com ênfase na organização e no acesso às informações arquivísticas (políticas públicas nacionais e internacionais de acesso e controle da informação) tornam este estudo relevante.

Também justifica a pesquisa que originou esta obra o fato de ela ter sido o cerne das discussões do grupo de pesquisa e extensão Acessibilidade: Informação e Educação para Democracia, cadastrado no Programa de Pós-Graduação da Câmara dos Deputados (2016-2019), em parceria com a Universidade Federal de Pernambuco (UFPE), que desenvolveu uma proposta de curso de uma especialização modulada em governança e gestão de acessibilidade com intuito de capacitar os servidores públicos que atuam nesta esfera.

Essa interlocução entre diferentes grupos de pesquisa poderá vir a ser benéfica para os estudos da área em Arquivologia, considerando-se também as diretivas do Acordo de Cooperação Técnica em Acessibilidade entre CD, Senado Federal (SF), Superior Tribunal de Justiça (STJ), Supremo Tribunal Federal (STF), Tribunal de Contas da União (TCU), Tribunal de Justiça do Distrito Federal e Territórios (TJDFT), Tribunal Superior Eleitoral (TSE) e Tribunal Superior do Trabalho (TST), assinado em junho de 2017.

Diante do exposto, esta obra busca contribuir para a construção do conhecimento na Arquivologia, focalizando a comunicação da informação arquivística, à medida que foi abordada a acessibilidade comunicacional na promoção do acesso à informação em ambientes web dos portais institucionais dos arquivos brasileiros em consonância com a LAI (Brasil, 2011) e a LBI (Brasil, 2015). Dessa forma, amplia a interlocução do acesso à informação, tanto para aqueles que disponibilizam a informação quanto para aqueles que a acessam.

Segundo a publicação Acessibilidade, traduzida de textos selecionados da série Disability Portfolio, publicada pelo The Council for Museums, Archives and Libraries do Reino Unido, as pessoas com deficiência são uma "população expressiva, usuários potenciais dos espaços culturais, os quais, por sua vez, precisam se adaptar a esse contingente populacional (Acessibilidade, 2005, p. 12).

Conforme o Relatório 108, da International Federation of Library Associations and Institutions (IFLA) intitulado Public Libraries, Archives and Museums: Trends in Collaboration and Cooperation (2008), quando se trata de atuação de bibliotecas, arquivos e museus, há um interesse comum na questão da preservação do conhecimento e do patrimônio cultural. Porém, David Carr (2003) sugere que esse olhar seja ampliado, pois a busca pela informação não está mais atrelada a uma ida a uma biblioteca, ou a um arquivo ou a um museu. Trata-se de algo maior, que o autor identifica como experiência da informação, entendida como o processo de aprendizagem em si.

A Declaração Universal sobre os Arquivos (2010), do Conselho Internacional de Arquivos (ICA, do inglês International Council on Archives), destaca que o livre acesso aos arquivos enriquece o conhecimento sobre a sociedade humana, promove a democracia, protege os direitos dos cidadãos (inclusive os com deficiência) e os compromete a trabalhar juntos para que os arquivos sejam acessíveis a todos.

A Orientação Técnica n. 42 dos Princípios de Acesso aos Arquivos (2011), também do ICA, aponta como ação positiva que os instrumentos de pesquisa sejam acessíveis ao público. A IFLA instrui uma série denominada Serviços de Biblioteca para as Pessoas com Deficiência, publicação de 2014, e é direcionada para as pessoas com dislexia.

No Brasil, o Decreto 5.296, de 2004, determinou que todos os órgãos governamentais deveriam, até dezembro de 2005, adaptar seus sítios na web de acordo com os critérios de acessibilidade (Brasil, 2004). Em virtude desse normativo, três professores da Universidade de São Paulo (USP), com apoio do Conselho Nacional de Desenvolvimento Científico e Tecnológico (CNPq), desenvolveram um projeto de pesquisa que teve por objetivo analisar a acessibilidade aos sítios dos governos estaduais brasileiros por meio de amostras coletadas entre 1996 e 2007. Os professores apontaram a necessidade de o governo adotar políticas públicas mais efetivas para que as pessoas com deficiência tivessem seus direitos ao acesso às informações e aos serviços públicos na web assegurados mais amplamente (Freire; Castro; Fortes, 2009).

Simão (2010) apontou, em sua tese de doutorado, que, dos 1.359 municípios brasileiros com até 5 mil habitantes, mapeados em 2005, apenas 384 possuíam página na Internet. Entretanto, o estudo mostrou que apenas três dos municípios dentro de todo universo analisado ofereciam informações claras sobre seus serviços em seus sítios, aproximando-se da estrutura de folder institucional. Ainda assim, essas informações nem eram ofertadas em formato acessível, tipos ampliados e/ou áudio. É fato que, somente a partir de maio de 2016, algumas páginas do Governo Federal passaram a disponibilizar o link para VLibras, tradutor da língua portuguesa para a Libras. Porém, o documento Perfil dos Municípios Brasileiros apresentado pelo IBGE (Brasil, 2020) mostra, por meio do Gráfico 1, que a oferta dos serviços informativos sob o viés da acessibilidade ainda configura como um dado a ser implementado e ampliado.

Esta obra adotou em todos gráficos e imagens a AD para Videntes[10] nas notas de páginas. São réplicas das informações que constam no "Campo Texto Alternativo do Formatar Imagem" visíveis aos leitores de tela.

---

[10] Pessoas que enxergam, pessoas que têm visão normal.

Gráfico 1 – Percentual de municípios por características da página da internet e serviços eletrônicos disponibilizados pela prefeitura e tipo de modelo de acessibilidade digital utilizado — Brasil, 2019

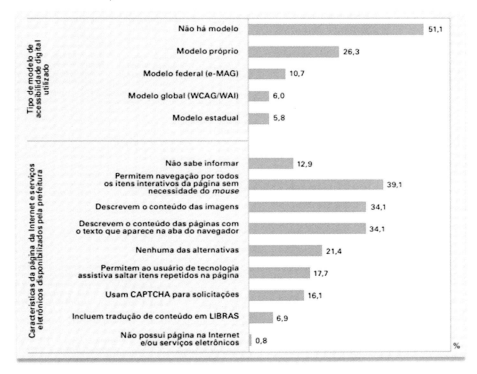

Fonte: Brasil (2020, p. 31).

---

Campo Texto Alternativo do Formatar Imagem está preenchido para os leitores de tela. AD para Videntes sobre o Gráfico 1 – Percentual de municípios por características de página da internet e serviços eletrônicos disponibilizados pela prefeitura e tipo de modelo de acessibilidade digital utilizado — Brasil, 2019. Representação gráfica de duas questões de fundo cinza-claro em colunas na vertical em cinza-escuro. Por tipo de modelo de acessibilidade digital utilizado: 51,1% dos municípios afirmaram que não há modelo, 26,4% que adotam modelo próprio, 10,7% que adotam o modelo federal (e-MAG), 6,0% o modelo global (WCAG/WAI) e 5,8% o modelo estadual. Por características da página da Internet e serviços eletrônicos disponibilizados pela prefeitura: 12,9% dos municípios não sabem informar, 39,1% permitem navegação por todos os itens interativos da página sem necessidade do mouse; 34,1% descrevem o conteúdo das páginas com o texto que aparece na aba do navegador, 21,4% nenhuma das alternativas; 17,7% permitem ao usuário de tecnologia assistiva saltar itens repetidos na página, 16,1% usam CAPTCHA para solicitações, 6,9% incluem tradução de conteúdo em Libras e 0,8% não possui página na internet e/ou serviços eletrônicos.

Nakamura (2013), em sua dissertação, fez um interessante e rico mapeamento sobre o papel dos portais legislativos, especificamente a mediação da Câmara dos Deputados (CD) com os cidadãos pelo canal Portal da Câmara dos Deputados. Em seus estudos, a pesquisadora adotou a prática da pesquisa documental sobre a legislação interna em vigor e destacou a Portaria n. 123, de 2004, que tem entre as atribuições do Comitê Gestor do Portal da Câmara dos Deputados a de "[...] promover a acessibilidade das informações e serviços às pessoas com deficiência" (Nakamura, 2013, p. 75). Desse modo, reforçando o olhar do Legislativo a todos os cidadãos.

A dissertação de mestrado de Moreira de Oliveira, defendida em 2016 na UnB, aborda os desafios de servidores com deficiência ao participarem de cursos on-line de formação das escolas do governo. O trabalho apontou que, no que se refere à acessibilidade e à usabilidade das plataformas virtuais, ainda há muito o que fazer.

O tema central da tese de doutorado de Costa (2017) foi analisar a necessidade de uma política de gestão de dados científicos no Brasil. No decorrer do estudo, o pesquisador apontou a existência de normativas para que os dados sejam acessíveis ao público. É interessante observar que os pesquisadores com deficiência também fazem parte desse público.

Uma iniciativa brasileira isolada é o acervo fotográfico da Universidade Federal de Santa Maria (UFSM) que, desde 2016, desenvolve um projeto no qual converte as descrições do acervo fotográfico nos formatos de AD e Libras[11].

A acessibilidade se insere na política de inclusão social. Nesse sentido, pode ser definida como a condição para a utilização, com segurança e autonomia, dos espaços, dos mobiliários e dos equipamentos urbanos, das edificações, dos transportes e dos sistemas e meios de comunicação por pessoas com deficiência ou com mobilidade reduzida.

O Relatório Mundial sobre as Pessoas com Deficiências, elaborado pela Organização Mundial da Saúde — OMS (WHO, 2011), em parceria com o Banco Mundial, destaca que a falta de AD, de legenda e da janelinha de acesso a línguas de sinais limita o acesso e a interpretação das informações e dos serviços disponíveis nos sítios governamentais para pessoas cegas e para pessoas surdas oralizadas, também para pessoas com déficit de atenção, autistas e surdas sinalizantes.

---

[11] Esse é um dos poucos exemplos disponíveis no acervo disponível em: https://www.ufsm.br/orgaos-suplementares/dag/2017/09/26/deficientes-de-audiocomunicacao-em-1986/. Acesso em: 2 set. 2024.

Graças às tecnologias digitais, houve uma ampliação da disponibilização da informação para todos, influenciando o modo como as empresas operam, como as pessoas procuram oportunidades e como os cidadãos interagem com os respectivos governos. As mudanças não se limitam a transações econômicas, elas influenciam também a participação das mulheres na força de trabalho, a facilitação da comunicação para pessoas com deficiência e a forma como as pessoas usufruem o seu lazer. Ao superarem as barreiras da informação, as tecnologias digitais podem, de fato, tornar o desenvolvimento mais inclusivo, eficiente e inovador. A internet, dessa forma, promove a inclusão. No entanto, o Relatório sobre o Desenvolvimento Mundial de 2016 — Dividendos Digitais aponta que a simples existência da tecnologia não é condição suficiente para preencher a lacuna da inclusão socioeconômica das pessoas com deficiência (Banco Mundial, 2016).

Em consonância com as diretrizes da Agenda 2030, a Cartilha Desenvolvimento e Acesso à Informação da IFLA (2024) destaca que a internet e outras TDIC devem servir para reduzir a exclusão digital e implantar tecnologia e aplicativos para garantir a inclusão efetiva de todas as pessoas.

Diante da constatação de que há um descompasso entre a disponibilização de informações nos ambientes web e o efetivo acesso das pessoas com deficiência, a presente pesquisa buscou investigar o acesso à informação em ambiente web às pessoas com deficiência nos arquivos públicos brasileiros, por meio do mapeamento e análise das suas práticas.

Um portal institucional fundamentado no acesso à informação em ambiente web às pessoas com deficiência pode contribuir para o acesso às informações e reforçar uma maior participação dos cidadãos em consonância com a LAI (Brasil, 2011) e a LBI (Brasil, 2015).

# 2

# A PESSOA COM DEFICIÊNCIA NOS NORMATIVOS DE ACESSO E NOS VERBETES PARA ACESSO E ACESSIBILIDADE

O estudo realizado buscou o embasamento teórico de conceitos que deram suporte à pesquisa que gerou esta obra. Neste capítulo, são apresentadas as interlocuções dos principais autores da Arquivologia, Ciência Política, da Comunicação, do Design, dos Direitos Sociais, da Educação em Direitos Humanos e da Legística. Trata-se de um diálogo que traz o papel da comunicação na interlocução da implementação de políticas de inclusão das pessoas com deficiência, norteando os requisitos de acessibilidade na promoção do acesso à informação em ambientes web dos portais institucionais dos arquivos públicos brasileiros.

No arcabouço legal brasileiro temos a Constituição Federal de 1988 (Brasil, 1988), na qual é garantida a liberdade de manifestação do pensamento e da atividade intelectual, artística, científica e de comunicação, independentemente de censura ou licença (art. 5º, inciso IX). Assim, assegura-se o direito à informação livre "[...] como um direito de toda a cidadania, abarcando as liberdades de informar, informar-se e ser informado" (Binenbojm, 2020, p. 27, grifo do autor).

Este capítulo está estruturado em três pontos que sustentam a obra e coadunam com diálogos com diferentes autores da Arquivologia: a pessoa com deficiência, os normativos de acesso e os significados para os verbetes acesso e acessibilidade. Assim, os subitens estão distribuídos da seginte forma:

- "Sociedade inclusiva e cidadã" (subitem 2.1) retrata historicamente a efetivação como direito social da pessoa com deficiência.

- "Diretrizes nacionais e internacionais de acessibilidade na promoção do acesso às informações" (subitem 2.2) apresenta um panorama das principais diretrizes nacionais e internacionais em vigor.

- "Diferenças e/ou aproximações terminológicas: acesso e acessibilidade" (subitem 2.3) identifica os termos acesso e acessibilidade nos principais glossários das áreas de Arquivologia, Biblioteconomia, Ciência da Informação e da W3C.

- "Pesquisadora, autores e conceitos dialogam na revisão de literatura" (subitem 2.4).

## 2.1 SOCIEDADE INCLUSIVA E CIDADÃ

Para alguns autores contemporâneos, a efetivação dos direitos sociais das pessoas com deficiência percorreu trilhas bastante tortuosas, além do preconceito, da discriminação e da morte sumária por seus pares. O reconhecimento como pessoa envolve a conceituação de alguns termos jurídicos, como cidadania, direitos sociais e pessoas com deficiência.

Cidadania é um conceito que possibilita uma série de significados que, de modo geral, refere-se a tudo aquilo que está relacionado aos direitos e deveres de uma pessoa ou população num território, numa cidade, num vilarejo. Pode ser entendido também como o conjunto de direitos e deveres exercidos por um indivíduo que vive em sociedade. Esse conceito vem do latim civitas, que significa "cidade". Antigamente, cidadão era aquele que fazia parte da cidade ou da pólis, se consideramos as origens desse conceito, que surgiu no século VII a.C., na Grécia Antiga.

No entanto, é importante destacar que em toda a Grécia, assim como em Atenas, somente os homens livres e nascidos na pólis que possuíam riquezas materiais e propriedades de terra podiam ser considerados cidadãos, ou seja, a minoria da população. Estrangeiros, escravos, crianças e mulheres eram excluídos do direito à cidadania.

Etimologicamente, a palavra "cidadania" vem do latim civitas, que significa "cidade". Abstraímos então, que os cidadãos são aqueles que coabitam e dividem os espaços públicos. Para isso, possuem os direitos civis, políticos e sociais que se desenvolveram a partir da ideia do que é melhor para o grupo social. Para Ferreira e Fernandes (2015, p. 135), "[...] embora sejam objeto de diferentes interpretações, os termos cidadãos e cidadania geralmente remetem ao indivíduo pertencente a uma comunidade e portador de direitos e deveres". Entretanto, ao longo da história, o conceito de cidadania foi ampliado, passando a englobar um conjunto de valores sociais que determinam o conjunto de deveres e direitos de um cidadão.

No final do século XVIII, com o surgimento da Modernidade e da estruturação do Estado-Nação, o termo "cidadão" passou a designar aqueles que habitavam a cidade. É, portanto, na Revolução Francesa (1789) que se discute a questão da cidadania, com a formulação dos Direitos do homem e do cidadão. Há uma dupla perspectiva nesta declaração: os direitos do homem, os direitos universais; mas também os direitos dos cidadãos, homens que vivem dentro de um Estado.

Mas são os direitos universais do homem que se tornam direitos do cidadão dentro de um Estado: é o próprio Estado que deve garantir a fruição desses direitos. Mais ainda, o Estado nacional é o único lugar capaz de assegurá-los e efetivá-los (Schama, 1989). É importante notar que a cidadania é um processo contínuo e em constante transformação (quase sempre cumulativos). O poder emana do povo, que se submete à organização do Estado para que este possa garantir seus direitos e o bem de todos. Com o crescimento dos movimentos sociais, a participação popular na vida pública e a criação do Estado de Bem-Estar Social (Welfare State), os direitos sociais tornam-se atributos necessários para a cidadania.

Os direitos universais, por princípio, constituem um mínimo de direitos garantidos, e esses são próximos da definição de direitos humanos. O autor alemão Robert Alexy (2012, p. 528) aponta que: "A relação Estado/Cidadão é uma relação entre o titular de direitos fundamentais [universais] e o não titular. A relação Cidadão/Cidadão, ao contrário, é uma relação entre titulares de direitos fundamentais [universais]".

Na acepção de Alexy (2012), a relação Estado/Cidadão é entendida como uma obrigatoriedade legal, no sentido de que obriga o Estado a garantir os direitos fundamentais (universais); no caso brasileiro, o acesso à educação, à saúde, ao transporte, ao lazer, à segurança, à previdência social, à moradia (art. 6º da Constituição Brasileira de 1988). Já a relação Cidadão/Cidadão é o de reciprocidade, na qual as pessoas devem se respeitar, respeitando regras de comportamento comuns de convívio em sociedade.

Para o jurista italiano Noberto Bobbio (2004), a importância do tema dos direitos humanos depende de sua vinculação aos problemas de nossa sociedade: o da democracia e o da paz. O filósofo afirma que o reconhecimento e a proteção dos direitos humanos estão na base das constituições democráticas. Fica entendido que a paz seja o pressuposto necessário para a proteção efetiva dos direitos humanos, tanto nos Estados como nos sistemas internacionais.

O Dicionário de Políticas Públicas organizado por Geraldo Di Giovanni e Marco Aurélio Nogueira (2015) menciona que Marshall identifica três gerações de direitos no processo de expansão da cidadania:

> [...] em um primeiro momento, no século XVIII, a cidadania relacionada aos direitos civis - associados à liberdade individual: direito à vida, direitos de ir e vir, direito à liberdade de consciência e expressão, e direito à justiça. É só por meio de um longo e conflituoso processo que a cidadania, já no século XIX, agrega aos direitos civis os direitos políticos - os de participação no exercício do poder público: direitos de voto, de ser eleito; e, no século XX, os direitos sociais - os que possibilitam condições adequadas de vida ao cidadão: moradia, trabalho, saúde e educação (Ferreira; Fernandes, 2015, p. 117-118).

Dessa forma, entendemos que a existência dos direitos sociais pressupõe a existência dos direitos humanos, o respeito à dignidade da pessoa humana e sua igualdade entre os demais. Bobbio (2004, p. 7) enfatiza que

> [...] direitos do homem, democracia e paz são três momentos necessários do mesmo movimento histórico: sem direitos do homem reconhecidos e protegidos, não há democracia; sem democracia não existem as condições mínimas para a solução pacífica dos conflitos.

Na dialética existente sobre os direitos fundamentais e/ou universais entre Cidadão/Estado e Cidadão/Cidadão, a segunda somente ocorre quando há total respeito e reconhecimento dos direitos de um cidadão para com o outro, que é o caso da trajetória da pessoa com deficiência.

Como sintetiza Bobbio (2004), a cada categoria de direitos corresponde uma concepção de liberdade e, nesses cenários, vamos contextualizar a cidadania sob o prisma da deficiência. Assim sendo, de acordo com os contextos histórico, econômico, político e sociocultural, ao longo do tempo, houve diferentes interpretações para o conceito de deficiência.

Na Antiguidade, essa parcela da população ao nascer era sumariamente eliminada. Tal prática modificou-se um pouco durante a Idade Média, quando as pessoas com deficiência passaram a sobreviver, contudo eram vistas como aquelas que receberam um "castigo de Deus".

No Brasil, também há registros nesse sentido, a destacar Viagem à Terra do Brasil, de 1578, do missionário europeu Jean de Léry (1534-1611).

E, quase dois séculos depois, o médico, botânico, antropólogo, um dos pesquisadores alemães que mais estudaram a região amazônica, Carl Friedrich von Matius (1794-1868), em sua obra Natureza, Doença, Medicina e Remédios dos Índios Brasileiros, menciona a existência de indígenas com deficiência na região Norte do Brasil (apud Figueira, 2021, p. 22):

> Escoliose, "pied-bot" e deformações outras de esqueleto não observamos em parte alguma. Provavelmente, quando essas deformidades são hereditárias, o que é admissível, sacrificam as crianças aleijadas, ao nascer. Além disto, é singular, e se poderá apresentar como característica da história daquela raça, que tantos enigmas nos oferece, que o índio representa o curupira, produto de sua satisfação, o assombro da mata, sempre meio hostil ao homem, com "pied-bot" ou pé torto, voltado para trás, saindo do tórax. (...) Às vezes aparecem paralíticos e coxos; sua deformidade é sempre de origem traumática. Por causas traumáticas ficam muitas vezes cegos, porém a catarata só raramente os ataca... Os autóctones brasileiros sofrem mais dos ouvidos, que dos olhos. Observamos muitos homens e mulheres completamente surdos; mais numerosos ainda eram os casos de meia-surdez.

A deficiência, desde sempre, causou impacto negativo, pois de uma maneira geral a postura de condenação, aversão e desaprovação era perene. Para reforçar essa ideia, nos arquivos há registros e era bastante comum, por exemplo, que nas famílias abastadas, essas pessoas (mesmo sendo filhas) eram obrigadas a viver longe do convívio familiar e social, escondidas da sociedade, visto que seus pares (os pais) tinham vergonha delas. Para Almeida (2019, p. 32),

> [...] é de se registrar que todos os períodos históricos enfrentaram a questão moral e política em relação à deficiência, ampliando-se fortemente o debate em razão do envelhecimento populacional verificado nas últimas décadas. Historicamente, contudo, o preconceito e a insensibilidade às "diferenças" levaram a soluções segregacionistas, como o isolamento em asilos ou a criação de escolas especiais, contando ainda com períodos de abandono e exclusão ao longo das épocas.

Tal visão é corroborada por Harari (2018, p. 26), quando este cita: "[...] a tolerância não é uma marca registrada dos sapiens". Nesse sentido, podemos considerar que o cuidar do outro ainda é um processo e, aparentemente, encontra-se em curso, sobretudo a partir do século XXI, muito embora os primeiros indícios nesse sentido tenham sido a partir da década de 1950, no pós-guerra, como pontua Bonfim (2009, p. 111, grifos nossos), no caso norte-americano:

> No período da Segunda Guerra Mundial e após o retorno de um grande número de veteranos com deficiência, o Congresso americano aprovou novas leis para garantia da sobrevivência e integração social desse expressivo contingente. Essa atitude embasava-se na visão, prevalente desde a 1a Guerra Mundial, de que a nação devia uma compensação a esses cidadãos. Pela primeira vez, buscava-se não apenas a reabilitação das consequências do ferimento, mas a reabilitação do homem como um todo. Foram, então, elaborados programas para dar suporte financeiro, emocional, social e educacional ao deficiente, bem como treinamento para os familiares e amigos aceitarem sua nova condição. Um dos objetivos primordiais era prover as condições para que esse homem pudesse retornar ao mercado de trabalho, situação que, acreditava-se, tornava mais concreta sua integração social. Para alcançar tal objetivo, foram até distribuídos carros adaptados para aqueles que tivessem condições de dirigir, pois facilitaria seu acesso ao local de trabalho, haja vista que ainda não existia transporte público acessível.

Diversos estudiosos dos Direitos Humanos concordam que inicialmente foram concebidos dois modelos de conceituação de deficiência: o (bio)médico e o social. Para os pesquisadores Diniz, Barbosa e Santos (2009, p. 68), o modelo (bio)médico traz a ideia de que a deficiência é uma doença da qual o indivíduo precisa ser reabilitado para ter participação efetiva na sociedade.

Outro fator reforçou que essa segregação pode ser inferida nos termos adotados na legislação brasileira, ao longo do tempo. As designações para essas pessoas perpassaram desde inválidos, alienados, incapacitados, pessoas defeituosas, pessoas deficientes, pessoas excepcionais e pessoas portadoras de deficiência, conforme sistematizado no Quadro 1[12]:

---

[12] Levantamento feito na Rede de Informação Legislativa e Jurídica (LexML) em junho de 2022, adotando-se os seguintes buscadores: denominações para pessoas com deficiência no campo da ementa, Legislação na categoria do documento e localidade, Brasil.

Quadro 1 – Termos designados para Pessoa com Deficiência na Legislação Brasileira (1810-2022)

| TERMO | SIGNIFICADO | LEGISLAÇÃO |
|---|---|---|
| Inválido | Indivíduo sem valor | Decreto de 24 de junho de 1810, cria um Corpo de Inválidos a guarda dos presos de galé, no seu trabalho. Decreto n. 43, de 11 de março de 1840, criando na corte, e nas províncias fronteiras Asilos de Inválidos. Decreto n. 1.213, de 29 de junho de 1853, funda um Asilo de Indigentes Inválidos nesta Corte. Decreto n. 3.904, de 3 de julho de 1867, aprova os Estatutos de Asilo dos Inválidos da Pátria. |
| Alienado | Indivíduo com perturbações mentais | Decreto n. 82, de 18 de julho de 1941, fundado um Hospital destinado privativamente para tratamento de Alienados, com a denominação do Hospício de Pedro Segundo. |
| Incapacitado | Indivíduo sem capacidade, ou indivíduo com capacidade residual, ou incapazes, indivíduos que não são capazes. | Decreto-Lei n. 8.795, de 23 de janeiro de 1946, regula as vantagens a que têm direito os militares da Força Expedicionária Brasileira incapacitados fisicamente. Decreto n. 94.507, de 23 de junho de 1987, regulamenta [...] sobre os militares da Aeronáutica incapacitados para atividades aéreas. |
| Defeituoso | Indivíduo com deformidade, principalmente física. | Lei n. 3.771, de 7 de junho de 1960, autoriza o Poder Executivo [...] auxílio à Associação de Assistência à Criança Defeituosa. |

| TERMO | SIGNIFICADO | LEGISLAÇÃO |
|---|---|---|
| Excepcional | Indivíduo com deficiência intelectual. | Decreto n. 38.715, de 30 de janeiro de 1956, declara de utilidade pública a Sociedade de Proteção à Criança Excepcional.<br><br>Decreto 54.188, de 24 de agosto de 1964, institui a semana nacional da Criança Excepcional. |
| Pessoa Deficiente | Pessoas com deficiência física, intelectual, auditiva, visual ou múltipla. | Decreto n. 84.919, de 16 de julho de 1980, institui a Comissão Nacional do Ano Internacional das Pessoas Deficientes.<br><br>Decreto 129, de 22 de maio de 1991, promulga a Convenção n.159, da Organização Internacional do Trabalho (OIT), sobre Reabilitação Profissional e Emprego de Pessoas Deficientes. |
| Pessoa Portadora de Deficiência | Termo adotado somente em países de língua portuguesa | Decreto n. 91.872, de 3 de novembro de 1985, traçar política [...] a educação especial e a integral, [...] as pessoas portadoras de deficiências.<br><br>Lei n. 7.405, de 12 de novembro de 1985, obrigatória o "Símbolo Internacional de Acesso" em locais e serviços que permitem sua utilização por pessoas portadoras de deficiência.<br><br>Decreto n. 93.481, de 19 de outubro de 1986, atuação da Administração Federal no que concerne às pessoas portadoras de deficiências.<br><br>Decreto n. 96.514, de 15 de agosto de 1988, isenção do Imposto sobre Produtos Industrializados na aquisição de automóveis por pessoas portadoras de deficiência físico-paraplégica.<br><br>Lei n. 8.160, de 8 de janeiro de 1991, identificação de pessoas portadoras de deficiência auditiva. |

| TERMO | SIGNIFICADO | LEGISLAÇÃO |
|---|---|---|
| | | Lei n. 8.899, de 29 de junho de 1994, passe livre às pessoas portadoras de deficiência no sistema de transporte coletivo interestadual. |
| | | Lei n. 10.098, de 19 de dezembro de 2000 e Decreto 5.296, de 2 de dezembro de 2004, normas gerais promoção de acessibilidade das pessoas portadoras de deficiência. |
| Pessoa com deficiência | Consagra-se juridicamente o termo pessoa com deficiência. | Decreto n. 5.904, 21 de setembro de 2006, direito da pessoa com deficiência visual de ingressar e permanecer em ambientes de uso coletivo acompanhada de cão-guia. |
| | | Decreto n. 6.214, de 26 de setembro de 2007, benefício de prestação continuada da assistência social à pessoa com deficiência e ao idoso. |
| Pessoa com deficiência | Consagra-se juridicamente o termo pessoa com deficiência. | Decreto Legislativo n. 186, de 09 de julho de 2008, Convenção sobre os Direitos das Pessoas com Deficiência e seu Protocolo Facultativo. |
| | | Decreto n. 6.949, de 25 de agosto de 2009, promulga a Convenção Internacional sobre os Direitos das Pessoas com Deficiência e seu Protocolo Facultativo. |
| | | Lei n. 12.933, de 26 de dezembro de 2013, meia-entrada para pessoas com deficiência em eventos artísticos-culturais e esportivos. |
| | | Lei nº 13.146, de 6 de julho de 2015, institui a Lei Brasileira de Inclusão da Pessoa com Deficiência (Estatuto da Pessoa com Deficiência). |

Fonte: Hott (2022)

O Quadro 1 aponta que as ações governamentais brasileiras de atendimento das pessoas com deficiência se institucionalizaram por meio de criação de asilos no início do século XIX, primeiramente vinculados às Santas Casas e às prisões, quando tratava de indivíduos enquadrados como perturbadores de ordem pública. Observe-se que a partir de 1867, há o reconhecimento institucional de promoção de assistência a ex-combatentes de guerra, uma vez que muitos retornavam mutilados e, consequentemente, incapacitados ao serviço militar.

Essa valoração é uma prática adotada até hoje pelas Forças Armadas e, a partir de 2021, foi também estendida aos profissionais da área de saúde que atuaram na pandemia da covid-19. Estranhamente essa recompensa não engloba a Polícia Militar e os bombeiros, sendo reservada somente aos militares e aos profissionais de saúde:

> Lei nº 3.067, de 22 de dezembro de 1956, promove ao posto ou graduação imediatos os militares incapacitados definitivamente para o serviço ativo.
>
> Decreto nº 8.795, de 23 de janeiro de 1946, regula as vantagens a que têm direito os militares da F.E.B. incapacitados fisicamente.
>
> Lei nº 14.128, de 26 de março de 2021, dispõe compensação financeira a ser paga pela União aos profissionais e trabalhadores de saúde que, durante o período de emergência de saúde pública de importância nacional decorrente da disseminação do novo coronavírus (SARS-CoV- 2), por terem trabalhado no atendimento direto a pacientes acometidos pela Covid-19, ou realizado visitas domiciliares em determinado período de tempo, no caso de agentes comunitários de saúde ou de combate a endemias, tornaram-se permanentemente incapacitados para o trabalho, ou ao seu cônjuge ou companheiro, aos seus dependentes e aos seus herdeiros necessários, em caso de óbito; e altera a Lei nº 605, de 5 de janeiro de 1949 (Brasil, 2021, grifos nossos).

Retornando ao século XIX, em 1841, o Imperador D. Pedro II (1825-1891) edita o Decreto 82, de 1841, criando o primeiro hospital para tratamento de doenças mentais da América Latina, o Hospício de Pedro II. Assim, verifica-se no quadro exposto que as nomenclaturas insultuosas a essas pessoas perduram até meados da década de 1980.

É a partir da declaração pela ONU que se estabeleceu o ano de 1981 como o Ano Internacional das Pessoas Deficientes e foram constatados os primeiros indícios da presença do Estado na efetivação de direitos sociais das pessoas com deficiência no Brasil. É nesse contexto que surge o termo "pessoa" à frente de deficiente: pessoa portadora de deficiência e pessoa com deficiência, em substituição do termo indivíduo.

Ainda assim, aos olhos da sociedade, essas nomenclaturas são compreendidas como "um favor" do Estado para com "elas, coitadas". O estigma enraizado e reproduzido era (e ainda é) de que essas pessoas são "eternas dependentes da seguridade social", quando, na verdade, há ainda grandes lacunas para a efetivação de políticas de inclusão social na sociedade.

A universalidade dos direitos humanos veio, de fato, após a Convenção Internacional sobre os Direitos das Pessoas com Deficiência, da ONU, um tratado internacional sobre direitos humanos aprovado em 2007, no qual há uma quebra do paradigma de normalidade na sociedade, pois o tratado reconhece não apenas as diferenças étnicas e sociais que compõem a sociedade, mas também a interdependência humana em uma convivência que se atenha aos princípios de solidariedade e fraternidade.

Trata-se da consagração teórica do modelo social inaugurando um novo momento no qual a sociedade deseja e afirma juridicamente a inclusão dos chamados "diferentes" em seu meio. Um arcabouço jurídico que permite e legitima a uma pessoa admitir seu déficit, não sentindo-se diminuída.

Desse modo, a vertente emancipatória do modelo social abre um leque de possibilidades de inclusão e integração da pessoa com deficiência, tanto no tocante aos direitos sociais quanto aos fundamentais como um todo. Entende-se que, se o cidadão tem o direito de ir e vir, o cadeirante também o tem e, para tanto, necessita de calçadas adequadas. Se todos têm direito à saúde, a pessoa com deficiência igualmente o tem, sobretudo com relação à reabilitação. Isso reforça a importância da acessibilidade, em seu termo nato, na efetivação dos direitos fundamentais e sociais, para uma efetiva integração da pessoa com deficiência.

A denominação "pessoas com deficiência" hoje adotada foi homologada em 2007, tendo sido referendada por 153 países na Convenção Internacional sobre os Direitos das Pessoas com Deficiência, da ONU, conforme consta em seu artigo 1º:

> [...] pessoas com deficiência são aquelas que têm impedimentos de longo prazo, de natureza física, mental, intelectual ou sensorial, os quais, em interação com diversas barreiras, podem obstruir sua participação plena e efetiva na sociedade em igualdade de condições com as demais pessoas (Convenção, 2007).

Esse reconhecimento é gratificante ao se considerar o percentual de pessoas com deficiência no mundo — 1 bilhão de pessoas, conforme consta no Relatório Mundial sobre a Deficiência (WHO, 2011, p. xi) e, quase um quarto da população brasileira, como registrado no Censo do IBGE (2010). Ser aclamado pelo princípio da dignidade como um direito fundamental e universal do ser humano, incluindo o direito à educação, sem discriminação e com base na igualdade de oportunidades, é uma grande vitória na história da humanidade.

As discussões acerca da consolidação da Convenção sobre os Direitos das Pessoas com Deficiência tiveram início em 1981 e foi assinada em Nova Iorque (Estados Unidos da América) no dia 30 de março de 2007. Foram 26 anos de persistência, resiliência e fé das pessoas com deficiência que participaram dos debates e das propostas com representação de 192 países, complementadas pelas vozes do movimento político mundial desses heróis e heroínas anônimos, que se fizeram presentes no Comitê ad hoc para a Convenção (Maior, 2016).

A participação direta do movimento social nas negociações da ONU foi inédita e conferiu atualidade e arrojo ao texto aprovado. Legitimou-se, assim, a ação de um princípio já consolidado na Declaração Universal dos Direitos Humanos, defensora, desde 1948, de que todos os seres humanos nascem livres e iguais em dignidade e direitos.

No Brasil, a Convenção sobre os Direitos das Pessoas com Deficiência foi aprovada como Emenda Constitucional, por meio do Decreto Legislativo 186, de 2008. O debate em torno dos direitos das pessoas com deficiência se fortalece desde então, reforçado também pelo surgimento de novas leis nacionais e internacionais sobre o tema e o desenvolvimento e o aprimoramento de práticas, metodologias, produtos e serviços de tecnologia assistiva, que viabilizam e promovem a autonomia destas pessoas.

É importante observar que somente após passados 25 anos da regulamentação da política de cotas reservadas a pessoas com deficiência em concursos públicos, destinadas a preencher os quadros efetivos dos órgãos da Administração Pública Federal (Lei 8.112/1990), é que foi aprovada, em 2015, a LBI.

Derivada da Convenção, a LBI (Lei 13.146, de 2015) adotou a avaliação funcional da deficiência como biopsicossocial, somando-se às avaliações anteriormente adotadas (a biomédica e a social), e que buscou promover, por meio do direito fundamental à acessibilidade, uma maior autonomia e um maior empoderamento da pessoa com deficiência e seus familiares, amigos e relacionamentos.

A LBI deu ainda mais ênfase à acessibilidade, com a aplicação de diversos direitos, tais como: a educação inclusiva em todos os níveis, nos âmbitos público e privado; o trabalho com apoio como mais uma oportunidade de emprego; a garantia de cuidados de saúde — habilitação e reabilitação; o acesso aos produtos, aos serviços e às metodologias de tecnologia assistiva, bem como o auxílio-inclusão em situações de mais vulnerabilidade, para estimular a participação das pessoas com deficiências de moderadas a graves no mercado de trabalho formal (Brasil, 2015). No entanto, esses e outros artigos importantes da LBI aguardam a regulamentação, para sua aplicabilidade.

Todavia, a pessoa com deficiência, considerando todos os avanços sociais, inclusive no Brasil, ainda se sente excluída, em especial na garantia e na efetivação de direitos fundamentais como, por exemplo, o direito de surdos oralizados cursarem escolas regulares de ensino e serem alfabetizados na Língua Portuguesa.

Trata-se de um direito assegurado na Lei 14.191, de 2021, que altera a Lei de Diretrizes e Bases da Educação Nacional (Lei 9.394, de 1996):

> Art. 60-A. Entende-se por educação bilíngue de surdos, para os efeitos desta Lei, a modalidade de educação escolar oferecida em Língua Brasileira de Sinais (Libras), como primeira língua, e em português escrito, como segunda língua, em escolas bilíngues de surdos, classes bilíngues de surdos, escolas comuns ou em polos de educação bilíngue de surdos, para educandos surdos, surdo-cegos, com deficiência auditiva sinalizantes, surdos com altas habilidades ou superdotação ou com outras deficiências associadas, optantes pela modalidade de educação bilíngue de surdos.

> § 3º O disposto no caput deste artigo será efetivado sem prejuízo das prerrogativas de matrícula em escolas e classes regulares, de acordo com o que decidir o estudante ou,

> no que couber, seus pais ou responsáveis, e das garantias previstas na Lei nº 13.146, de 6 de julho de 2015 (Estatuto da Pessoa com Deficiência), que incluem, para os surdos oralizados, o acesso a tecnologias assistivas (Brasil, 2021, grifos nossos).

Iniciativas como esta, na qual o processo de alfabetização de surdos seja primeiro por uma língua de comunicação, ou seja, na Libras, relegando o direito social (o de ser alfabetizado, de aprender a ler e a escrever na Língua Portuguesa), são uma distorção de direitos sociais e segregadoras, pois promove que a criança surda somente estude entre surdos, em vez de estudar em escolas regulares com as demais crianças, como pregam as práticas inclusivistas pedagógicas[13] mencionadas por Mantoan (2003), Bevilacqua e Moret (2005), Lucchesi et al. (2015) e Neves et al. (2015).

Para fins de esclarecimento, a Lei 10.436, de 2002, que dispõe sobre a Libras, versa em seus artigos 1º e 4º:

> Art. 1º. É reconhecida como meio legal de comunicação e expressão a Língua Brasileira de Sinais - Libras e outros recursos de expressão a ela associados.
>
> Parágrafo único. Entende-se como Língua Brasileira de Sinais - Libras a forma de comunicação e expressão, em que o sistema lingüístico de natureza visual-motora, com estrutura gramatical própria, constituem um sistema lingüístico de transmissão de idéias e fatos, oriundos de comunidades de pessoas surdas do Brasil.
>
> Art. 4º O sistema educacional federal e os sistemas educacionais estaduais, municipais e do Distrito Federal devem garantir a inclusão nos cursos de formação de Educação Especial, de Fonoaudiologia e de Magistério, em seus níveis médio e superior, do ensino da Língua Brasileira de Sinais - Libras, como parte integrante dos Parâmetros Curriculares Nacionais - PCNs, conforme legislação vigente.
>
> Parágrafo único. A Língua Brasileira de Sinais - Libras não poderá substituir a modalidade escrita da língua portuguesa (Brasil, 2002, grifos nossos).

Vale reforçar que no âmbito de direitos sociais que consta na Lei Brasileira de Inclusão da Pessoa com Deficiência, de 2015, dois capítulos

---

[13] Sobre essa temática existem produções acadêmicas desenvolvidas por surdos oralizados em diferentes áreas do conhecimento.

de relevo, o II que versa sobre o Direito à Habilitação e Reabilitação e o IV sobre o Direito à Educação, urge conscientizar a sociedade brasileira que surdos também se comunicam oralmente na Língua Portuguesa, assim como aprendem a ler e a escrever. Desde a década de 1980, o Brasil é pioneiro na América Latina[14] com relação aos avanços tecnológicos como as cirurgias do implante coclear complementadas pelas práticas de reabilitação auditiva e da neurolinguística. Esta desconstrução equivocada somente amplia o abismo do analfabetismo funcional entre surdos sinalizantes.

Essa discussão é longa e não será aprofundada aqui. O objetivo foi apenas evidenciar no espaço da academia a lacuna no processo de aprendizado escolar desta parcela de surdos e destacar o importante papel da oralização no processo de alfabetização referenciados na Pesquisa Nacional de Saúde, realizada pelo IBGE em 2019[15] e no Relatório Mundial da Audição (World Report on Hearing[16]), em 2021, pela OMS, reforçada pela Lei 14.407, de 2022, que inclui a alfabetização plena e capacitação gradual para a leitura na educação básica como deveres do Estado.

Ainda explorando o pensamento de Norberto Bobbio, reforçado por Lima e Dantas (2013), percebe-se a necessidade de preservação da dignidade aliada a um bem-estar econômico, para a configuração dos direitos sociais. Do mesmo modo se dá a inclusão da pessoa com deficiência na sociedade constitucional moderna. A garantia dos direitos sociais dessas pessoas reside na materialização da positividade constitucional, desde que não se leve em conta a inefetividade dos direitos sociais.

No Brasil, há lacunas importantes na efetiva aplicação de leis para a implementação de políticas públicas[17], embora no caso particular das pessoas com deficiência haja um considerável arcabouço legislativo — leis, decretos, instruções normativas —, incluindo a Convenção de ordem internacional, legitimada como norma constitucional. Em nossas cidades, como exemplos dessas lacunas que dificultam sobremaneira o dia a dia

---

[14] Há 55 anos o Hospital de Reabilitação de Anomalias Craniofaciais da Universidade de São Paulo (USP) na cidade de Bauru investe em saúde qualitativa. Saiba mais em: https://hrac.usp.br/saude/saude-auditiva/. Acesso em: 2 set. 2024.

[15] Disponível em: https://agenciadenoticias.ibge.gov.br/agencia-noticias/2012-agencia-de-noticias/noticias/31447-um-em-cada-quatro-idosos-tinha-algum-tipo-de-deficiencia-em-2019. Acesso em: 2 set. 2024.

[16] World Report on Hearing (WHO, 2021).

[17] Para um maior aprofundamento sobre essa questão, recomendamos a leitura da dissertação "Pessoas com Deficiência: a trajetória de um tema na agenda pública" (2011), de Adriana Resende Monteiro, que traz um background político dentro da Ciência Política. Disponível em: http://www.realp.unb.br/jspui/bitstream/10482/9356/1/2010_AdrianaResendeMonteiro.pdf. Acesso em: 1º set. 2024.

das pessoas com deficiência e reforçam a negativa da efetivação de seus direitos como cidadãos, podemos citar: a inadequação das calçadas, a inexistência de transportes públicos adaptados, a falta nas escolas públicas de educadores capacitados em criar adaptações convenientes à efetiva inclusão escolar, entre outros problemas.

Nesta perspectiva, podemos inserir a abordagem de Bourdieu (1989), a qual se refere à reflexão política nos aspectos que tangem aos processos de comunicação e circulação da informação que, na sociedade da informação, se apresentam cada vez mais complexos e conflituosos, como pode ser observado no processo temporal da aprovação da LBI (Brasil, 2015).

No tocante à sociedade, consideramos pertinente resgatar a concepção de Manuel Castells no segundo volume do livro A era da informação: economia, sociedade e cultura: o poder da identidade (2000), em que o autor afirma ser a sociedade multicultural um reflexo do estado multicultural de direito. Depreende-se, então, que a participação da pessoa com deficiência na sociedade liga-se à necessidade de seu reconhecimento. Por isso, Fraser (2002, p. 16) aponta que "[...] tal reivindicação não visa à valorização da identidade do grupo, mas à superação da subordinação [inferioridade], procurando instituir a parte subordinada como membro pleno na vida social".

Estas pessoas, antes excluídas, buscam mais do que nunca remodelar sua identidade coletiva e a inclusão possibilita a materialização de seus direitos fundamentais (universais). Como atores sociais de relevância, passam a interagir com a sociedade de forma que obtenham cada vez mais o respeito e a consideração da sociedade em geral.

Isso pode ser observado em diversos órgãos públicos brasileiros, nos contratos de parceria públicos e privados, sobretudo nas empresas privadas, nas quais já se nota uma integração das pessoas com deficiência em suas estações de trabalho. No entanto, embora haja legislação que respalde a contratação de pessoas com deficiência, outro resultado aponta a dificuldade no cumprimento do mínimo exigido em lei por causa, ainda, do despreparo das escolas e universidades, sejam elas públicas ou privadas, em suas iniciativas de inclusão escolar.

Entendemos que as pessoas com deficiência constroem sua identidade coletiva quando seus direitos são reconhecidos em documentos nacionais e internacionais. Essa identidade vem sendo construída ao longo de todo o processo de legitimação destas pessoas como cidadãs, a começar por aquelas que atuaram nos bastidores da comissão designada para esta tarefa durante os 26 anos (1981 a 2007) de elaboração até a aprovação da Convenção Internacional sobre os Direitos das Pessoas com Deficiência, ratificada, no Brasil, como Protocolo Facultativo em 2007 e aprovada como Emenda Constitucional por meio do Decreto Legislativo 186, de 2008.

Mais alguns anos se passaram para que houvesse a promulgação da LBI, finalmente aprovada em 6 de julho de 2015 e em vigor a partir de 3 de janeiro de 2016. A trajetória do processo legislativo da LBI (Brasil, 2015) é um marco no processo democrático brasileiro como ação afirmativa de políticas de inclusão das pessoas com deficiência. Seu texto inicial se fundamentou na proposta de Projeto de Lei n. 6, de 2003 (PLS 6/2003), de autoria do senador Paulo Paim (PT/RS), que tinha como ementa instituir o Estatuto do Portador de Deficiência. Foi protocolada com 24 folhas numeradas e apresentada em sessão plenária no dia 18 de fevereiro de 2003.

Faz-se necessária aqui uma abordagem conceitual do processo legislativo no contexto da Arquivologia. O cidadão precisa participar ativamente no processo legislativo, pois esse é o momento em que se dão as interlocuções Cidadão/Estado e Cidadão/Cidadão, garantindo assim a igualdade na imposição das normas de condutas vigentes em um Estado.

Para Ferreira Júnior (2013, p. 47), a proposta de projeto de lei, apesar de fácil iniciativa, nem sempre redundará em lei, "o processo legislativo é naturalmente moroso" afinal "uma boa norma tende a nascer de um crescente de maturação e reflexão", sendo esse o rito ordinário de tramitação legislativa que prevê o estudo de uma proposição em duas Casas Legislativas. Caso uma proposta for aprovada em ambas, há necessidade de sanção presidencial para que se torne uma lei. Mais tarde, deverá o Executivo promover a regulamentação dessa lei por meio de decretos e instruções normativas. Em cada Casa, a proposta é apreciada primeiramente pelas comissões técnicas em audiências públicas — momento fundamental de interação Cidadão/Estado — e depois segue para a deliberação por todos os membros, em plenário.

Basicamente, defende-se que a possível incapacidade não está na deficiência em si, contudo nas dificuldades que essas pessoas encontram, pela ausência ou insuficiência de facilidades, como a locomoção no meio físico e o acesso à informação nos sítios governamentais, embora esses direitos, entre outros, já tenham sido legitimados. Portanto, desde sempre, a deficiência residiu não apenas na pessoa, mas, sobretudo, na sociedade[18].

---

[18] Temática retratada na pesquisa realizada por Juliana Werneck de Souza, em 2017, na qual é apresentada a percepção das pessoas com deficiência em um ambiente de trabalho. Disponível em: http://icts.unb.br/jspui/

Neste cenário, reiteramos o papel da Arquivologia como um campo de conhecimento que se dedica ao fenômeno da informação na construção social dos direitos dos cidadãos, quando acessam a informação e constroem seus propósitos ao lutarem por seus direitos na interlocução Cidadão/Estado como atores nos bastidores do processo legislativo (Wersig; Nevelling, 1975; Le Coadic,1996; Saracevic, 1996; Capurro; Hjørland, 2007; Zins, 2007). A informação acessível a todos é de fundamental importância na construção da democracia.

## 2.2 DIRETRIZES NACIONAIS E INTERNACIONAIS DE ACESSIBILIDADE NA PROMOÇÃO DO ACESSO ÀS INFORMAÇÕES

Conforme Hott e Rodrigues (2019, p. 83),

> É fato que o uso da rede eletrônica por parte das instituições governamentais propicia maior rapidez de difusão das informações sobre as atividades e as decisões tomadas, as quais podem ser acessadas tanto pelo cidadão comum quanto pelos meios de comunicação de massa. Essa interlocução dos cidadãos com seus representantes eleitos e com as instituições governamentais se intensificou nos últimos anos. Em razão de dispositivos legais associados às TDIC, os órgãos governamentais se instrumentalizaram na garantia desses conteúdos e desses serviços, de modo a torná-los acessíveis a qualquer cidadão.

Segundo as autoras, os grandes sistemas de informação arriscam-se a disponibilizar tudo em ambiente web. Entretanto, há uma percepção, cada vez mais crescente, de usuários frustrados, pois as questões não são somente técnicas, mas de cunho econômico, político, social e cultural. Para Oliveira, Alves e Maia (2013, p. 2), "[...] implica efetivamente em prestar um serviço informacional a alguém, sem restrição de cor, raça, status social, possíveis limitações, entre outros, pois a informação é um direito de qualquer cidadão que dela procura e/ou necessita".

Neste contexto, o principal documento internacional de recomendação de acessibilidade em ambiente web são as Diretrizes de Acessibilidade para Conteúdo Web (Web Content Accessibility Guidelines – WCAG 2.2)[19], uma das muitas diretrizes emanadas pelo World Wide Web Consortium

---

handle/10482/31169. Acesso em: 2 set. 2024.

[19] Disponível em: https://www.w3.org/TR/WCAG22/. Acesso em: 2 set. 2024.

(W3C)[20] desde 1994. Trata-se de uma comunidade internacional que desenvolve padrões de acessibilidade e usabilidade, com o objetivo de garantir a universalidade do valor social da web, como podemos constatar na citação da Missão do W3C a seguir:

> A Web foi inventada como uma ferramenta de comunicação para permitir que qualquer pessoa, em qualquer lugar, pudesse compartilhar informações. Por um bom tempo, a Web foi para muitos usuários apenas uma ferramenta de leitura, mas hoje blogs e wikis trouxeram novos editores e mais autores. Redes sociais florescem nesse mercado de conteúdo personalizado com novas experiências na Web. Os padrões do W3C têm suportado esta evolução graças à robusta arquitetura da Web e aos seus princípios de design (W3C, 2011, n.p.).

O conjunto de diretrizes WCAG 2.0 é também um padrão ISO: ISO/IEC 40500: 2012, constantemente elaborado e atualizado em cooperação com indivíduos e organizações em todo o mundo, cujo objetivo é fornecer um único padrão compartilhado para acessibilidade de conteúdo da web que atenda às necessidades de indivíduos, organizações e governos em nível internacional (Hott; Rodrigues; Oliveira, 2018).

Cruz-Riascos, Hott e Rezende (2018, p. 23) explicam os critérios que compõem essas diretrizes:

> Trata-se de um padrão técnico estável e referenciável composto por 12 diretrizes organizadas sob 4 princípios: perceptível, operável, compreensível e robusto. Para cada diretriz, existem critérios de sucesso testáveis, que podem ser classificados em três níveis: A, AA e AAA.

A classificação A se refere ao grau de acessibilidade, ou seja, o conteúdo é acessível; quanto mais A, mais acessível ele é. Trata-se de uma métrica que garante que o menor grau seja considerado acessível, abarcando, inclusive, as organizações de baixo porte e com orçamento reduzido, garantindo-se, desta forma, a premissa mínima de garantia de acesso de conteúdos para todos.

As organizações que adotam e seguem essas diretrizes estão em consonância com a Agenda 2030, pois estão focadas em tornarem seus conteúdos acessíveis a uma gama mais ampla de pessoas com deficiência,

---

[20] Disponível em: http://www.w3c.br/home/webhome. Acesso em: 2 set. 2024.

incluindo cegueira e baixa visão, surdez e perda auditiva, dificuldades de aprendizagem, limitações cognitivas, limitação de movimento, deficiência de fala, fotossensibilidade e combinações destes. Essas diretrizes também tornam seu conteúdo da web mais utilizável para os usuários em geral.

Entre as organizações, uma iniciativa governamental de relevo tem sido as práticas inclusivistas do Reino Unido, que têm em sua estrutura uma área exclusiva que trata das práticas governamentais de acessibilidade, atuando dentro do guarda-chuva denominado "Declaração da Acessibilidade". Em 2016, sua equipe estruturou pôsteres e os distribuiu entre todos que atuam na área de tecnologia da informação e comunicação: Dos and don'ts on designing for accessibility[21], que pode ser traduzido como "o que fazer e o que não fazer no design para acessibilidade". Como uma forma importante de divulgação e disseminação dessas diretrizes, a equipe da Diretoria de Inovação e Tecnologia da Informação da Câmara dos Deputados fez a tradução desses posts para a língua portuguesa em 2018.

Ainda sobre as normativas internacionais, a produção das pesquisas científicas está vivenciando um cenário de mudança de paradigma. Nunca existiram tantos pesquisadores produzindo ciência no mundo como nos últimos anos. Os avanços contínuos das TDIC, a popularização da internet e a diversificação de aplicativos disponibilizados na web trouxeram mudanças na forma de produção, disponibilização, acesso e uso de dados e de informações científicas e de outras naturezas.

Em paralelo a esse contexto, algumas leis que asseguram determinados direitos dos cidadãos emergiram como, por exemplo, a garantia constitucional de acesso às informações públicas, emanada pela LAI de 2011. E, mais recentemente, a preocupação com os direitos à privacidade e à proteção de dados, respaldada pela Lei 13.709, de 2018, denominada Lei Geral de Proteção de Dados Pessoais (LGPD).

Se por um lado, portanto, o direito de acesso à informação pública se presta a munir o cidadão de informações detidas pelo Estado para que seja possível, entre tantas outras coisas, realizar o chamado "controle social" e o pleno exercício da sua cidadania como um direito constitucional; tem-se, por outro lado, a necessidade de garantir a segurança jurídica à privacidade e os mecanismos para mitigação de violação aos dados pessoais e sensíveis do indivíduo.

---

[21] Orientações fundamentadas na Declaração da Acessibilidade do Reino Unido disponíveis em: https://accessibility.blog.gov.uk/2016/09/02/dos-and-donts-on-designing-for-accessibility/. Acesso em: 2 set. 2024.

ACESSO À INFORMAÇÃO EM AMBIENTE WEB

A promoção de uma cultura de privacidade é requisito mandatório para o Estado e as empresas privadas no atual contexto mundial, garantindo, juridicamente, a inviolabilidade dos dados pessoais do cidadão. Nessa perspectiva, cabe ao Estado, em especial, promover essa cultura de privacidade e a transparência a todo cidadão brasileiro, pois este precisa ser informado como titular de seus dados pessoais e ter condições de gozar do seu direito constitucional.

Atrelado a esse contexto, tivemos o ano de 2020 marcado por uma crise global e multidimensional: a pandemia da covid-19. Nesse cenário, a Ciência foi destacada pela mídia como o caminho que nos conduzirá ao encontro de possíveis soluções em relação à crise. Diante da gravidade ocasionada pela covid-19, fez-se necessária a participação das organizações e da sociedade em ações integradas nas áreas de educação, saúde, economia, tecnologia e comunicação, entre outras. É primordial, nesse sentido, ampliar e fomentar a divulgação científica de temas relacionados à Ciência e à saúde, especialmente pelo Poder Público.

Na cena da produção científica, o conhecimento baseado em dados vem crescendo muito rapidamente. Junto a isso, novas tecnologias estão surgindo, facilitando o acesso, a transferência e a análise de dados. Todavia, isso somente é potencializado se os dados de pesquisa estiverem bem descritos, bem estruturados, propriamente armazenados e também disponíveis para outros utilizarem, ou seja, de acesso aberto. Uma resposta a essa necessidade veio por meio de uma proposta que oferece um adequado gerenciamento dos dados, os princípios FAIR, acrônimo para Findable, Accessible, Interoperable and Reusable. É interessante entender o contexto em que essa proposta foi desenvolvida:

> Os princípios foram formulados após o Lorentz Center workshop em janeiro de 2014, quando um grupo diverso de atores, compartilhando interesse na publicação e reutilização de dados científicos, reuniu-se para discutir as características requeridas dos ambientes contemporâneos de publicação de dados científicos. O primeiro projeto dos Princípios FAIR foi publicado no site Force11 para avaliação e comentários por parte de uma comunidade mais ampla – um processo que durou quase dois anos. Isso resultou em princípios claros, concisos e amplamente apoiados que foram agora publicados. Os princípios apoiam uma ampla gama de novas iniciativas internacionais, como o European Open Science Cloud e o Big Data to Knowledge (BD2K) do NIH, fornecendo orientação

> clara que ajuda a garantir que todos os dados e serviços associados na emergente "Internet de Dados" serão FAIR (Encontráveis, Acessíveis, Interoperáveis e Reutilizáveis) não apenas por pessoas, mas também, e principalmente, por máquinas (Scielo em Perspectiva, 2016)[22].

Atualmente, os princípios FAIR são aceitos como diretrizes essenciais dentro da área científica e considerados como uma estrutura para a condução correta e responsável da Ciência. Esses princípios devem ser aplicados a todas as pesquisas que utilizam dados digitais e/ou criação de software e, por conseguinte, incluídos em todos os planos de dados de pesquisa. Também objetivam impulsionar a reutilização de dados de pesquisa (Cruz-Riascos; Hott; Rezende, 2018) e visam a garantir:

- Findability (dados que oferecem facilidade de localização): uso de metadados associados a identificadores únicos persistentes; os dados são descritos detalhadamente por metadados; os metadados incluem de forma clara e explícita identificadores dos dados que estão sendo descritos; os metadados são registrados e indexados em uma fonte pesquisável.

- Accessibility (dados acessíveis): os dados e metadados são recuperáveis pelo seu identificador único, utilizando-se protocolos de comunicação padronizados, abertos, livres e implementados universalmente, permitindo procedimentos de autenticações e de autorizações; e os metadados devem estar acessíveis mesmo quando os dados não mais estejam.

- Interoperability (dados interoperáveis): dados e metadados utilizam uma linguagem formal, acessível, compartilhável e amplamente aplicável na representação do conhecimento; utilizam vocabulários que seguem os princípios FAIR; e incluem referências de qualidade a outros dados e metadados.

- Reusability (dados reutilizáveis): dados e metadados são detalhadamente descritos com diversos atributos relevantes e precisos; disponibilizados com licença de uso clara e acessível; associados à proveniência detalhada; e cumprem padrões relevantes à área do conhecimento.

---

[22] Dados disponíveis em: https://blog.scielo.org/blog/2016/03/16/principios-orientadores-fair-publicados--em-periodico-do-nature-publishing-group/#.Y28eTnbMI2w. Acesso em: 2 set. 2024.

Embora os princípios FAIR abarquem, entre os requisitos, um especificamente para que os dados sejam acessíveis, estes não são conjugados com as orientações de acessibilidade para conteúdos web emanadas pelo W3C. Esse ponto de vista é corroborado também pelas autoras Cruz-Riascos, Hott e Rezende (2018, p. 25), quando afirmam que, "faz-se necessário adicionar os padrões e recomendações confluentes com a acessibilidade de objetos digitais visando incluir pessoas com deficiência no escopo da audiência e utilização destes materiais".

Seguindo essa linha de recomendações internacionais na promoção da garantia de acesso a todas as pessoas, destaca-se uma iniciativa europeia que poderá ser adaptada e adotada nos processos de licitações de serviços e produtos das organizações públicas brasileiras. Trata-se da norma Accessibility requirements suitable for public procurement of ICT products and services in Europe: EN 301 549: 2021[23], elaborada pelo Comitê Técnico de Fatores Humanos e pelo Grupo de Trabalho E-Acessibility, ambos do European Telecommunications Standards Institute (ETSI), que tem por objetivo consolidar em um documento os requisitos de acessibilidade funcional a todos os produtos e serviços de TDIC. Em linhas gerais, trata-se de um documento norteador, direcionando os fabricantes a adequarem-se aos requisitos de acessibilidade na concepção, na construção e na qualidade de seus produtos e serviços de TDIC.

Há também uma gama de orientações emanadas pela International Organization for Standardization (ISO) e dessas, o destaque é dado à ISO 17069:2020 Accessible design – Consideration and Assistive Products for Accessible Meeting, que pode ser descrita como Especificações de Produtos de Tecnologia Assistiva para Eventos Presenciais e Virtuais. Estas abarcam as funcionalidades de acessibilidade de forma que todas as pessoas com deficiência e idosos possam participar ativamente nas teleconferências e conferências na web. Afinal, como pontuado na Convenção sobre os Direitos das Pessoas com Deficiência, da qual o Brasil é um dos países signatários que a ratificaram, conforme a Figura 1, os Estados-partes reconhecem a importância da acessibilidade aos meios físico, social, econômico e cultural, à saúde, à educação e à informação e comunicação, para possibilitar às pessoas com deficiência o pleno gozo de todos os direitos humanos e liberdades fundamentais:

---

[23] Disponível em: https://ses.jrc.ec.europa.eu/eirie/en/standard-regulations/accessibility-requirements-suitable-public-procurement-ict-products-and-0. Acesso em: 2 set. 2024.

Figura 1 – Mapa dos países signatários e reconhecedores da Convenção sobre os Direitos das Pessoas com Deficiência (2016)

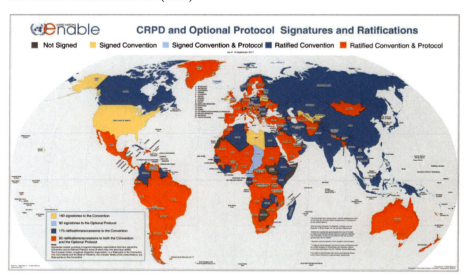

Fonte: United Nations (2016)

O campo Texto Alternativo do Formatar Imagem está preenchido para os leitores de tela. Audiodescrição (AD) para Videntes sobre a Figura 1 - Mapa dos países signatários e reconhecedores da Convenção sobre os Direitos das Pessoas com Deficiência (2016). Mapa mundial nas cores azul, vermelha, amarela e azul-clara. São 160 países signatários da Convenção, 92 países signatários do Protocolo Opcional, 164 países que ratificaram a Convenção e 89 países que ratificaram o Protocolo Opcional.

A respeito do mapa, Cruz-Riascos, Hott e Rezende (2018, p. 21) afirmam que:

> [...] retrata o compromisso desses países na garantia de acesso à informação às pessoas com deficiência, inclusive o Brasil (UNITED NATIONS, 2017, s.p.). Tendo em vista que a ausência de barreiras no acesso às informações garante às pessoas com deficiência a igualdade de condições e oportunidades na sociedade, logo, o acesso se trata de um direito inquestionável, incondicional e inalienável. Tal compromisso determina que os Estados Partes deverão fornecer, prontamente e sem custo adicional todas informações destinadas ao público em geral, em formatos acessíveis e com tecnologias apropriadas aos diferentes tipos de deficiência (Cruz-Riascos; Hott; Rezende, 2018, p. 21).

A Convenção sobre os Direitos das Pessoas com Deficiência, aprovada pelo Decreto Legislativo 186, de 2008, e promulgada pelo Decreto 6.949, de 2009, enquadra-se nos termos do artigo 5º, parágrafo 3º, da Constituição Federal (Brasil, 1988), com a redação dada pela Emenda Constitucional 45, de 2004:

> [...] os tratados e convenções internacionais sobre direitos humanos que forem aprovados, em cada Casa do Congresso Nacional, em dois turnos, por três quintos dos votos dos respectivos membros, serão equivalentes às emendas constitucionais (Brasil, 2004, grifos nossos)[24].

Destarte, podemos considerar essa Convenção como o primeiro tratado internacional no que se refere a direitos das pessoas com deficiência e, no caso do Brasil, ainda veio com o bônus de ter sido aprovado com status constitucional.

Enveredando pela legislação nacional em vigor, a começar pela Constituição Federal de 1988, no artigo 5º (inciso XIV) e no artigo 23, fica claro que o Estado tem por competência proporcionar os meios de acesso às informações. Hott e Rodrigues (2019, p. 87) destacam que:

> [...] isso quer dizer que todos os cidadãos têm direito de acesso às informações produzidas pelo Estado, assim como esse acesso deve ser disponibilizado de forma que todos realmente tenham acesso, seja por meio de tecnologia assistiva ou outro meio que garanta o acesso pleno a essas informações.

Isso posto, depreendemos que a acessibilidade está associada ao direito do cidadão, tendo em vista que é direito de todas as pessoas, com ou sem deficiência, o acesso à informação.

É fato que a partir dos anos 2000 e, sobretudo, com a aprovação da Convenção sobre os Direitos das Pessoas com Deficiência, em 2008, as políticas públicas de inclusão das pessoas com deficiência tiveram sua potencialidade paulatinamente implementada no Brasil. Pode-se dizer também que entre a promulgação da Constituição Federal em 1988 (Brasil, 1988) e o Decreto Legislativo 186, de 2008 (a Convenção), ou seja, passados 20 anos, é que se reconhece, efetivamente, que o direito de acesso à informação e à transparência pública são princípios indispensáveis ao fortalecimento da democracia e para a inclusão, sem barreiras, de qualquer ordem.

---

[24] Disponível em: https://ses.jrc.ec.europa.eu/eirie/en/standard-regulations/accessibility-requirements-suitable-public-procurement-ict-products-and-0. Acesso em: 2 set. 2024.

No tocante à disponibilidade de informações na internet, a LAI (Brasil, 2011) exige que sejam utilizadas medidas necessárias para que se garanta a acessibilidade de conteúdo para pessoas com deficiência. Essa garantia ao acesso à informação e à inclusão de usuários com deficiência também está embasada pela Lei 10.098, de 2000 (Lei da Acessibilidade), regulamentada pelo Decreto 5.296, de 2004.

Na Lei 10.098, de 2000, o artigo 17, capítulo VII, destaca que cabe ao Poder Público promover a eliminação de barreiras na comunicação e estabelecer mecanismos e alternativas técnicas que tornem acessíveis os sistemas de comunicação. Por sua vez, o Decreto 5.296, de 2004, que a regulamenta, determinou que todos os órgãos governamentais deveriam adaptar seus sítios na web, de acordo com critérios de acessibilidade, até dezembro de 2005. Essa análise é contextualizada por Hott, Rezende e Cruz-Riascos (2018, p. 314), quando explicam:

> A acessibilidade então se insere na política de inclusão social podendo ser entendida como condição para a utilização, com segurança e autonomia, dos espaços, mobiliários e equipamentos urbanos, das edificações, dos transportes e dos sistemas e meios de comunicação por pessoas com deficiência ou com mobilidade reduzida. Conforme consta na Convenção sobre o Direito das Pessoas com Deficiência da ONU de 2008, o artigo 21 reafirma que a ausência de barreiras no acesso às informações garante às pessoas com deficiência, a igualdade de condições e oportunidades na sociedade. Trata-se de um direito determinando que os Estados Partes deverão fornecer, prontamente e sem custo adicional, informações destinadas ao público em geral, em formatos acessíveis e tecnologias apropriadas aos diferentes tipos de deficiência.

Vale observar que, com a aprovação da Convenção sobre os Direitos das Pessoas com Deficiência, em 2009, e da LBI, em 2015, os desdobramentos relativos à acessibilidade estão sendo gradativamente implementados. No entanto, Cruz-Riascos, Hott e Rezende (2018, p. 22) frisam que estas práticas inclusivas "[...] ainda não estão totalmente enraizadas como atribuições dos gestores, nem há registro de que passem por qualquer tipo de acompanhamento, fiscalização, controle e/ou avaliação", conforme apontam os resultados das pesquisas feitas in loco em três eventos importantes da área de Arquivologia e Humanidades Digitais.

Por outro lado, essa ocorrência parece ser comum em vários países, pois o relatório Dividendos Digitais (Banco Mundial, 2016) aponta que a internet continua indisponível, inacessível e fora do alcance econômico para a maioria da população mundial. De acordo com o relatório:

> As pessoas com deficiência enfrentam obstáculos para comunicar-se, interagir, acessar informações e participar de atividades cívicas. [...] A tecnologia propicia múltiplos meios de comunicação – voz, texto e gestos – para acessar informações e relacionar-se com outras pessoas. [...] Mas a simples existência da tecnologia não é condição suficiente para preencher a lacuna da inclusão socioeconômica de pessoas deficientes. É necessário um ecossistema de apoio para conduzir a implementação de tecnologias digitais acessíveis (Banco Mundial, 2016, p. 15, grifos nossos).

Neste sentido, sob o viés da Ciência da Informação, notadamente os arquivos, as bibliotecas e os museus devem repensar seu papel junto aos cidadãos, conforme indicam alguns pontos esclarecidos por Hott e Oliveira (2020, p. 366-367):

> As pessoas com deficiência são cidadãos que estudam, trabalham e querem fazer parte da sociedade, e a tecnologia deve ser um facilitador e não um complicador. Os objetos e ambientes veiculados na internet devem se adequar a certos padrões para permitir que tanto os controles de navegação quanto o conteúdo sejam compatíveis com a ampla variedade de dispositivos de acesso à web. De fato, o mundo virtual é uma porta aberta para todos, mas para que isso se efetive devem ser adotadas algumas recomendações e/ou diretrizes de acessibilidade para tornar o conteúdo da web acessível a todos.

Assim, os processos de representação da informação e do conhecimento são considerados meios fundamentais para o acesso aos recursos de informação. O desafio que se impõe para a representação da informação em arquivos está na descrição, de forma que seja de fato acessível a todos. Desta forma, Chaves (2020) entrelaça aspectos da comunicação como uma das dimensões de difusão no sentido de divulgação institucional. Segundo o autor:

> Aqui se inserem a aplicação das marcas e emblemas da organização nos eventos, apresentações e produtos institucionais; elaboração e difusão de vídeo institucional, visita

virtual, marca d'água nos documentos digitais e busca de espaços nas variadas modalidades de mídia (Chaves, 2020, p. 84).

Em vista disso, há no Brasil as diretrizes das publicações técnicas emanadas pelo Conselho Nacional de Arquivos (Conarq), as quais apontam um vasto conteúdo sobre as garantias de acesso à informação, porém com uma abordagem ainda incipiente sobre os requisitos de acessibilidade na promoção de acesso a todos, considerando-se as exigências legais desde 2000, a Lei de Atendimento Prioritário (Brasil, 2000) e a Lei de Acessibilidade (Brasil, 2011).

Considerada um dos esforços iniciais nesse sentido, a proposta da versão 2 do Modelo de Requisitos para Sistemas Informatizados de Gestão Arquivística de Documentos — e-ARQ Brasil — apresenta, entre os requisitos, um único requisito, não obrigatório, apontando um leve olhar para a acessibilidade e para as pessoas com deficiência. Todavia, nessa proposta, não foi feita nenhuma menção a quaisquer normativos ISO que versam sobre os requisitos de acessibilidade em sistemas ou até mesmo sobre o Guidance Publishing Accessible Documents (Guia de Documentos Acessíveis do Governo Britânico), um dos modelos de referência apontado como exemplo pela Câmara Técnica de Documentos Eletrônicos do Conselho Nacional de Arquivos. Esta proposta foi submetida à consulta pública nos meses de janeiro e fevereiro de 2021 e, até outubro de 2021, a versão nova compilada decorrente da consulta pública ainda não tinha sido publicada no sítio do Arquivo Nacional.

O fenômeno da internet, agregado às TDIC, também possibilitou o acesso e a recuperação de informações, com ênfase nos serviços, nos produtos, nas ferramentas e nas metodologias de ensino aplicadas. Essa revolução, a partir das novas formas de gerir os processos, ocasionou impacto nas instituições públicas, na comunicação científica e, consequentemente, nos serviços ofertados por essas instituições. Em relação a estes serviços, o professor Emir Suaiden (2005) destaca em uma nota atemporal:

> O maior problema para inclusão do país na sociedade da informação não é a falta de computadores, mas a falta de informação em linguagem acessível e de mediadores da informação, para que os avanços da ciência e da tecnologia cheguem ao cidadão comum de maneira adequada[25].

---

[25] Disponível em: https://antigo.ibict.br/sala-de-imprensa/noticias/item/838-novo-diretor-do-ibict-vai--dar-prioridade-a-inclusao-social. Acesso em: 4 set. 2024.

Ou seja, é necessário que a informação seja mediada e traduzida para uma linguagem acessível, para somente então o indivíduo poder conhecer as atividades do governo e, assim, estar capacitado para participar do processo democrático.

## 2.3 DIFERENÇAS E/OU APROXIMAÇÕES TERMINOLÓGICAS PARA ACESSO E ACESSIBILIDADE

No âmbito da pesquisa empreendida, entendemos que a Ciência da Informação é interdisciplinar, transdisciplinar, multidisciplinar e pluridisciplinar; e o gerenciamento de documentos, em meio digital, possibilita a integração com a tecnologia assistiva, aumentando a cobertura de atendimento às pessoas com deficiência. Junto à questão do acesso à informação, reflete-se sobre a acessibilidade e os usuários (cidadãos) com deficiência, destacando aspectos legislativos pertinentes e observando-se a necessidade de sensibilizar profissionais das unidades de informação a buscarem uma formação técnico-sistêmica para atender às demandas de uma realidade inclusiva de forma transversal.

Nessa perspectiva, esta obra se insere no campo da Ciência da Informação. Brookes (1980) definiu, por meio de uma equação matemática, a relação entre a informação e o conhecimento, fazendo uma projeção a partir de um estado de conhecimento $K[S]$. Para se atingir um novo estado de conhecimento $K[S + \Delta S]$, faz-se necessária a passagem natural pela assimilação de uma informação. Subentende-se que, para isso ocorrer, há que se prover o acesso, bem como a interação do indivíduo nestas interlocuções.

Em suma, a partir da estruturação dos sistemas acessíveis que sustentam o ambiente web, ocorrendo a provisão do acesso e o direito à informação nos sistemas que alimentam os portais públicos, a interação do indivíduo nesse processo da apropriação da informação para a obtenção de um novo estado de conhecimento pode se tornar a mola propulsora da acessibilidade e, por conseguinte, do pleno exercício da cidadania por parte das pessoas com deficiência.

Entende-se a acessibilidade como uma forma de possibilitar o acesso à informação. Lidar com o fluxo informacional e os meios de processamento da informação, incluindo tecnologias assistivas e o desenho universal, logra-se disponibilizar acesso e uso dos recursos informacionais para todos, indistintamente. Essas considerações relacionam a Ciência da Informação à acessibilidade, possibilitando a inclusão e a autonomia das pessoas com deficiência na sociedade.

O uso dos padrões W3C possibilita ao usuário não somente o acesso a qualquer tipo de tecnologia da informação, mas também a inteira compreensão das informações disponibilizadas. A interação do indivíduo com a informação, não importando o suporte sobre o qual ela está registrada, resulta na mudança do estado de conhecimento dele na busca por informação.

A perspectiva da gestão dos documentos digitais vislumbra e possibilita a integração com tecnologias assistivas, aumentando a todos o direito de acesso, incluindo a parcela composta de pessoas com deficiência. Para a W3C Brasil, o uso dos padrões de acessibilidade na web possibilita o "[...] alcance, percepção e entendimento para a utilização, em igualdade de oportunidades, com segurança e autonomia, dos sítios e serviços disponíveis na web" (Comitê, 2013, p. 21).

Pode-se inferir que "acesso" e "acessibilidade" são conceitos que emergem da complexidade que envolve as relações entre pessoas e implicam o entrelaçamento entre as diferenças humanas, o contato e o compartilhamento dessas singularidades. Então, analisando e comparando os termos "acesso" e "acessibilidade", observou-se que, na literatura estudada, por vezes, estes se confundem ou inexistem, inclusive na literatura técnica da área terminológica de Arquivologia, como dicionários e/ou glossários, como mostraremos a seguir.

Para Cunha e Cavalcanti (2008), acessibilidade é um conceito que inclui os direitos e a capacidade das pessoas com deficiência a terem maior grau de utilização dos produtos e dos serviços da sociedade digital (contrariamente à noção de fosso digital). No entanto, para a denominação do verbete "acessibilidade", há que ser acrescentado um adjetivo: "digital". Já o verbete "acesso" é entendido como a capacidade de o cidadão (todos, inclusive os com deficiência) obter informação em poder do Estado (Cunha; Cavalcanti, 2008).

Seguindo uma linha mais biblioteconômica, mencionamos o Dictionary for Library and Information Science, coordenado por Reitz (2004), que cita duas definições para os termos "acesso" e "acessibilidade". Em uma, o verbete "acesso" tem o sentido de se adentrar em um espaço público; e, em outra, é a definição oriunda da área do conhecimento das TDIC, o de acesso permissionário a um sistema de banco de dados:

> Access:
>
> 1. The right of entry to a library or its collections. All public libraries and most academic libraries in the United States are open to the general public, but access to certain areas such as closed stacks, rare books, and special collections may be restricted. In a more general sense, the right or opportunity to use a resource that may not be openly and freely available to everyone. See also: accessibility.
>
> 2. In computing, the privilege of using a computer system or online resource, usually controlled by the issuance of access codes to authorized users. In a more general sense, the ability of a user to reach data stored on a computer or computer system. See also: open access and perpetual access[26] (Reitz, 2004).

Quanto ao termo "acessibilidade", segundo Reitz (2004), o foco está no acesso livre à informação, independentemente de localização física e de suporte. O mais importante no formato é o de que todos, realmente, possam acedê-la, seja ou não uma pessoa com deficiência:

> Accessibility:
>
> 1. The ease with which a person may enter a library, gain access to its online systems, use its resources, and obtain needed information regardless of format. In a more general sense, the quality of being able to be located and used by a person. In the Web environment, the quality of being usable by everyone regardless of disability. See the Web Accessibility Initiative (WAI).
>
> 2. In information storage and retrieval, the manner in which a computer system retrieves records from a file, which usually depends on the method of their arrangement in or on the storage medium[27] (Reitz, 2004).

---

[26] Acesso: 1. O direito de entrada numa biblioteca ou em suas coleções. Todas bibliotecas públicas e a maioria das bibliotecas acadêmicas dos Estados Unidos estão abertas ao público geral, porém o acesso a certas áreas, como pilhas fechadas, livros raros e coleções especiais, são restritas. De forma geral, o direito ou a oportunidade em usar um recurso que pode não estar aberta disponível livremente para todos. Veja também: acessibilidade. 2. Na informática, o privilégio de utilizar um sistema de computador ou recurso online, geralmente controlado por meio de emissão de códigos de acesso a usuários autorizados. Em um sentido mais geral, a capacidade de um usuário de acessar dados armazenados em um computador ou sistema de computador. Ver também: acesso aberto e acesso restrito [Tradução nossa].

[27] Acessibilidade: 1. A facilidade com que uma pessoa pode entrar em uma biblioteca, obter acesso a seus sistemas on-line, usar seus recursos e obter as informações necessárias, independentemente do formato. Em

Adotamos no estudo a seguinte concepção para dicionário: uma compilação de palavras ou termos próprios, ou vocábulos de uma língua, dispostos em ordem alfabética que apontam a respectiva significação e/ou sua versão em outra língua. Já o glossário é uma espécie de dicionário que faz parte de uma obra e explica termos poucos conhecidos. Pode-se dizer que glossário é um dicionário no qual estão reunidos termos específicos no âmbito de uma área do conhecimento. Dessa forma, foram analisados seis dos principais dicionários da área, conforme consta no Quadro 2:

Quadro 2 – Definições para acessibilidade e acesso em dicionários no campo da Ciência da Informação e glossário da W3C

| FONTE | ACESSO | ACESSIBILIDADE |
|---|---|---|
| Dicionário Brasileiro de Terminologia Arquivística (1990, p. 13) | Possibilidade de consulta aos documentos de um arquivo, como resultado de autorização legal ou da existência de instrumentos de pesquisa. Termos equivalentes: access, accessibility, right of access (I); communicabilité (F); accesibilidad (E). | TERMINOLOGIA NÃO DISPONÍVEL |
| Dicionário de Terminologia Arquivística (1996, p. 1) | Possibilidade de consulta a um arquivo, como resultado de autorização legal. Termos equivalentes: access, accessibility (I), accès, accessibilité, communicabilité (F); accesibilidad (E); comunidabilidade (P). Possibilidade de consulta a um arquivo, como resultado da existência de instrumentos de pesquisa. | TERMINOLOGIA NÃO DISPONÍVEL |

um sentido mais geral, a qualidade de ser capaz de ser localizado e usado por uma pessoa. No ambiente web, a qualidade de ser utilizável por todos, independentemente da deficiência. Consulta a Iniciativa de Acessibilidade WeB (WAI). 2. No armazenamento e recuperação de informações, a maneira pela qual um sistema de computador recupera registros de um arquivo, que geralmente depende do método de sua disposição no meio de armazenamento ou na mídia de armazenamento [Tradução nossa].

| FONTE | ACESSO | ACESSIBILIDADE |
|---|---|---|
| | Termos equivalentes: access, accessibility (I), accès, accessibilité, communicabilité (F); accesibilidad (E). | |
| Dictionary for Library and Information Science [online] (2004) *Tradução na p. 40. | 1. The right of entry to a library or its collections. All public libraries and most academic libraries in the United States are open to the general public, but access to certain areas such as closed stacks, rare books, and special collections may be restricted. In a more general sense, the right or opportunity to use a resource that may not be openly and freely available to everyone. See also: accessibility.<br><br>2. In computing, the privilege of using a computer system or online resource, usually controlled by the issuance of access codes to authorized users. In a more general sense, the ability of a user to reach data stored on a computer or computer system. See also: open access and perpetual access. | 1. The ease with which a person may enter a library, gain access to its online systems, use its resources, and obtain needed information regardless of format. In a more general sense, the quality of being able to be located and used by a person. In the Web environment, the quality of being usable by everyone regardless of disability. See the Web Accessibility Initiative (WAI).<br><br>2. In information storage and retrieval, the manner in which a computer system retrieves records from a file, which usually depends on the method of their arrangement in or on the storage medium. |
| Dicionário Brasileiro de Terminologia Arquivística (2005, p. 19) | Possibilidade de consulta a documentos e informações.<br><br>Função arquivística destinada a tornar acessíveis os documentos e a promover sua utilização. | Condição ou possibilidade de acesso a serviços de referência, informação, documentação e comunicação. |

| FONTE | ACESSO | ACESSIBILIDADE |
|---|---|---|
| Dicionário de Biblioteconomia e Arquivologia (2008, p. 2-3) | Capacidade de o cidadão obter informação em poder do Estado. | Acessibilidade Digital (digital accessibility, digital information accessibility): conceito que inclui os direitos e a capacidade das pessoas com necessidades especiais a terem maior grau de utilização dos produtos e serviços da sociedade da informação (ver também fosso digital). |
| W3C Glossary and Dictionary [online] (2010) [Tradução dos termos na linha abaixo] | To interact with a system entity in order to manipulate, use, gain knowledge of, and/or obtain a representation of some or all for system entity's resources. [from Web Services Glossary, W3C Working Group Note 11 February, 2004]. | 1. The art of ensuring that, to as large an extent as possible, facilities (such as, for example, Web access) are available to people whether or not they have impairments of one sort or another. 2. Within these guidelines, "accessible Web content" and "accessible authoring tool" mean that the content and tool can be used by people regardless of disability. To understand the accessibility issues relevant to authoring tool design, consider that many authors may be creating content in contexts very different from your own: They may not be able to see, hear, move, or may not be able to process some types of information easily or at all; They may have difficulty reading or comprehending text; They may not have or be able to use a keyboard or mouse; They may have a text-only display, or a small screen. |

| FONTE | ACESSO | ACESSIBILIDADE |
|---|---|---|
| | | Accessible design will benefit people in these different authoring scenarios and also many people who do not have a physical disability but who have similar needs. For example, someone may be working in a noisy environment and thus require an alternative representation of audio information. Similarly, someone may be working in an eyes-busy environment and thus require an audio equivalent to information they cannot view. Users of small mobile devices (with small screens, no keyboard, and no mouse) have similar functional needs as some users with disabilities. |
| W3C Glossary and Dictionary [online] (2010) | Interagir com uma entidade do sistema para manipular, usar, obter conhecimento de, e/ou obter uma representação de alguns ou de todos os recursos da entidade do sistema [Tradução nossa]. | 1. A arte de garantir que, na medida do possível, as facilidades (como, por exemplo, acesso web) estejam disponíveis para as pessoas independentemente de terem ou não deficiência de um tipo ou outros. 2. Dentro dessas diretrizes, "conteúdo web acessível" e "ferramenta de criação acessível" significam que o conteúdo e a ferramenta podem ser usados por pessoas independentemente da deficiência. |

| FONTE | ACESSO | ACESSIBILIDADE |
|---|---|---|
|  |  | Para entender as questões de acessibilidade relevantes para o design da ferramenta de criação, considera que muitos autores podem estar criando conteúdo em contextos muito diferentes dos seus: eles podem não ser capazes de ver, ouvir, mover-se ou podem não ser capazes de processar alguns tipos de informações tão facilmente ou do todo; Eles podem ter dificuldade em ler ou compreender o texto; Eles podem não ter ou serem capazes de usar um teclado ou um mouse; Eles podem ter um display ou uma tela pequena de texto online. O design acessível beneficiará as pessoas nesses diferentes cenários e também às muitas pessoas que não têm deficiência física, mas que têm necessidades semelhantes. Por exemplo, alguém pode estar trabalhando em um ambiente barulhento e, portanto, exigir uma representação alternativa de informação de áudio. |

| FONTE | ACESSO | ACESSIBILIDADE |
|---|---|---|
| | | Da mesma forma, alguém pode estar trabalhando em um ambiente com olhos ocupados e, portanto, exigir um áudio equivalente às informações que não podem ser visualizadas. Os usuários de dispositivos móveis (que têm telas pequenas, sem teclado e sem mouse) têm necessidades funcionais semelhantes às de alguns usuários com deficiência [Tradução nossa]. |

Fonte: atualização de dados de Hott e Rodrigues (2019, p. 95)

Tais reflexões terminológicas são somente a ponta de um iceberg dentro da Arquivologia, da Biblioteconomia e da Ciência da Informação, as quais visam lograr uma aproximação estreita no constructo social de todos, para todos e por todos. Porém, a contribuição para que a comunicação da ciência e da tecnologia se realize de forma compreensível e sem ambiguidades em ambientes mono e/ou multilíngues há que ser incorporada em todas as esferas, levando em conta os requisitos de acessibilidade, tema aprofundado a seguir.

## 2.4 DIALOGANDO COM AUTORES DA ARQUIVOLOGIA

Embora haja um vasto arcabouço legal no Brasil e no exterior, e a constatação entre vários pesquisadores de que os conteúdos apresentados em meio digital têm de fato o potencial de democratizar o acesso às informações em todas atividades humanas, a implementação em si ainda não é de fato efetiva. Nesse cenário, as informações digitais, notadamente as obtidas por meio da internet, tornam-se de suma importância. As barreiras digitais, contudo, impedem o acesso das pessoas com deficiência, sendo mínimo o número das que têm acesso à web. No Brasil, somente 0,7% das 14 milhões de páginas na internet têm acessibilidade para pessoas com deficiência (Ventura, 2020).

A falta de acessibilidade às informações, infelizmente, faz parte do cenário mundial. Segundo relatório da ONU (2020):

> [...] a pandemia está intensificando essas desigualdades e produzindo novas ameaças para as pessoas com deficiência, que enfrentam a falta de informações acessíveis sobre saúde pública e barreiras significativas para implementar medidas básicas de higiene, assim como falta de acesso a instalações de saúde.

Desse modo, o acesso à informação se torna vital, visto que, se as pessoas com deficiência contraem covid-19, aumenta-se a probabilidade de agravarem suas condições de saúde, o que pode acarretar sua morte (Barboza; Almeida, 2020).

O acesso democrático e inclusivo pressupõe que sítios, portais, sistemas de bancos de dados, repositórios, documentos e unidades de informação sejam projetados para que todas as pessoas possam perceber, entender, interagir e navegar de maneira efetiva com as páginas e com os documentos. Vale enfatizar que é preciso que não haja barreiras nas comunicações escrita, virtual e interpessoal em todos os ambientes sociais, inclusive nos virtuais (Sassaki, 2009). Em nenhum outro tempo a eliminação de barreiras de comunicação se fez tão necessária.

Para muitos estudiosos (Duchein, 1983; Cook, 2011; Frey et al., 2002; Ginsberg, 2014; Mendel, 2009; Strentz, 2004), o Freedom of Information Act (FOIA)[28] tem particular importância na evolução da teoria da acessibilidade aos documentos públicos. De fato, o princípio que o orienta é o de que a democracia funciona melhor quando os cidadãos têm todas as informações que permitem a existência no seu país de dados sobre investimentos governamentais nos planos nacionais de educação, saúde e segurança, entre outros que assegurem a governança do papel do Estado para seus cidadãos.

A necessidade de sistematização e de maior divulgação do tema para orientar a formulação de políticas de acesso dos seus países-membros levou o ICA a patrocinar, em parceria com a Organização das Nações Unidas para a Educação, a Ciência e a Cultura (Unesco), em 1983, o Records and Archives Management Program (RAMP), constituído de amplos estudos técnicos relacionados aos arquivos[29]. Dessa literatura especializada destacam-se três estudos: Taylor (1984), Duchein (1983) e Blais (1995).

---

[28] Lei de Acesso à Informação instituída nos Estados Unidos em 1966. Disponível em: https://www.foia.gov/. Acesso em: 2 set. 2024.

[29] Pesquisa atualizada com base nas pontuações feitas por Hott (2005).

O de Taylor (1984) é um estudo centrado no usuário dos arquivos. Já o estudo de Duchein (1983) incide na especificação dos diferentes níveis de acesso aos documentos arquivísticos, os quais são divididos em três categorias: a) acesso físico: relacionado à conservação física dos documentos; b) acesso legal: regido por leis e normas; c) acesso intelectual: instrumentos de pesquisa. Já o terceiro estudo, o de Blais (1995), apresenta o complexo problema de acesso aos arquivos em um ambiente de mudanças. Aos arquivos são apresentados três grandes desafios: a relação intrínseca e extrínseca dos arquivos com seus públicos (o produtor e a comunidade de usuários; o interno e o externo); os documentos arquivísticos digitais; e a estratégia de descrição de acervo (Blais, 1995).

Os estudos RAMP foram descontinuados em 1998, mas a Unesco continuou na promoção de estudos importantes na área da Arquivologia, dos quais se destacam a pesquisa de Canavaggio (2014), que apresenta um mapa comparativo das melhores práticas internacionais no que se refere ao exercício do direito de acesso à informação. Por último e mais recentemente, tem-se um conjunto de diretrizes de acessibilidade para os acervos que fazem parte do Projeto Memória do Mundo (Accessible Digital Documentary Heritage: guidelines for the preparation of documentary heritage in accessible formats for persons with disabilities)[30], elaborado por Darvishy e Manning (2020).

Essa discussão é longa, gera muitas controvérsias e não foi abordada, nem aprofundada, nas pesquisas de Rousseau e Couture (1994), Gonçalves (2002), Bellotto (2004), Fugueras (2003, 2008), Rodrigues (2003), Martins Junior (2004), Bandeira (2007), Cruz (2008), Delmas (2010), Martins (2011), Gonçalves (2012), Medeiros Neto (2012), Barros (2015), Moreira de Oliveira (2015), Vaz (2015, 2019), Ventura (2015) e Nascimento Oliveira (2016), embora todos apontem a importância em discutir o papel dos arquivos na sociedade da informação e a gestão de documentos — acesso e descrição — como elementos da gestão e da disseminação do conhecimento.

Fugueras (2008), na obra Archivos e Derechos Humanos, introduz dois aspectos-chave que deverão ser aprofundados pela Arquivologia no século XXI: a acessibilidade e a desclassificação. O autor evidencia, inclusive, que a acessibilidade contribui com a promoção da recuperação da memória histórica e destaca que entre as atribuições do arquivista está a

---

[30] Disponível em: https://unesdoc.unesco.org/ark:/48223/pf0000374995.locale=en. Acesso em: 2 set. 2024.

questão da escolha, que é a determinação de quais documentos devem e precisam estar acessíveis. No entanto, cabe aqui fazer uma pausa na reflexão, pois trata-se de um diálogo de cunho terminológico, objeto analisado no Referencial Teórico da pesquisa que originou esta obra.

Em Los Archivos, entre la Memoria Histórica y la Sociedad del Conocimiento, Fugueras (2003) apresenta dois capítulos primorosos: um acerca do tratamento de arquivos (Fugueras, 2003, p. 147-159); e outro sobre a administração de uma instituição arquivística (Fugueras, 2003, p. 161-178). Neste, o autor apresenta a importância do usuário desde a concepção de um prédio de arquivo até a sala de atendimento. Todavia, no livro não há nenhuma passagem específica sobre as particularidades de todos os tipos de usuários, tendo em vista que compõem nesses perfis os idosos e também os pesquisadores, estudiosos e, também, arquivistas com deficiência que atuam nas instituições.

Em 2007, Bandeira (2007) discorre sobre a Lei 8.159, de 1991, a Lei de Arquivos. Tema relevante que se ampliou ainda mais com a aprovação da LAI em 2011 e que fora desbravado por pesquisadores brasileiros como Costa (1988; 2003; 2004; 2005), Fonseca (1999; 2005), Hott (2015), Jardim (1995; 1999ab; 2003; 2010) e Da Matta (2011), que apontam o importante papel da Arquivologia, ligado diretamente à promoção do acesso e à disseminação da informação para todos cidadãos (com e sem deficiência), muito embora não haja aprofundamento na questão de requisitos de acessibilidade.

Ainda referente às pesquisas nacionais, citamos Barros (2015) que, em sua tese de doutorado, defendida em 2014, aprofunda o papel da descrição como um dos elementos fundamentais que dão suporte à Arquivologia, analisando o papel da representação arquivística e suas práticas em acervos brasileiros, canadenses e espanhóis. Nessa pesquisa há uma passagem de Heredia Herrera que merece destaque: "a descrição é a ponte de comunicação entre os documentos e os usuários" (Barros, 2015, p. 123); ora, estes usuários englobam as pessoas com deficiência.

Reconhecidamente uma das maiores pesquisadoras brasileiras no campo da Arquivologia, Bellotto (2004), em sua obra Arquivos permanentes: tratamento documental, apresenta um capítulo que discorre sobre a difusão editorial, cultural e educativa em arquivos, porém ela omite, ou ignora, que os personagens envolvidos – o administrador, o cidadão, o historiador – também poderiam vir a ser pessoas com deficiência. Nas palavras do autor,

ACESSO À INFORMAÇÃO EM AMBIENTE WEB

> Os arquivos públicos existem com a função precípua de recolher, custodiar, preservar e organizar fundos documentais originados na área governamental, transferindo-lhes informações de modo a servir ao administrador [com deficiência], ao cidadão [com deficiência] e ao historiador [com deficiência]. Mas, para além dessa competência, [...] cumpre-lhe ainda uma atividade que, embora secundária, é a que melhor pode desenhar os seus contornos sociais [...] trata-se de seus serviços editoriais, de difusão cultural e de assistência educativa. [...] Uma outra atividade, desenvolvida sobretudo pelos alemães, é a colaboração dos arquivistas com o turismo cultural e com a realização de filmes documentários ou artísticos (Bellotto, 2004, p. 227-228).

Essas atividades também englobam as particularidades de todo o público em arquivos e em quaisquer dos serviços mencionados. Se há livros, que são frutos das pesquisas em arquivos, deve-se oferecê-los em formatos acessíveis; se há eventos e/ou visitas escolares, os arquivos, por meio de mapeamento antecipado dos perfis de seus usuários, poderão oferecer o melhor recurso de acessibilidade, otimizando, desta forma, os custos institucionais. Ao conhecer o usuário, as opções por recursos de acessibilidade poderão ser facilmente oferecidas com metodologias, estratégias e práticas acessíveis, tal qual, a título de exemplo: a disponibilização de assento reservado na frente para que um usuário surdo oralizado possa fazer a leitura labial.

Das pesquisas acadêmicas brasileiras mapeadas, todas apontaram haver no Brasil aspectos legais na promoção do acesso às informações para todos. Dentre essas, destacaremos algumas, como a questão do universo de cidadãos que interagem pelos ambientes web apontada na dissertação de Cruz (2008). É bem verdade que a pesquisa de Cruz (2008) não se aprofunda muito na questão desse universo, mas resgata, em sua revisão de literatura, a dissertação de Carvalho, defendida em 1994. Carvalho (1994) faz apontamentos sobre a necessidade de os projetistas se atentarem às diretrizes para as interfaces dos ambientes web atenderem não somente pessoas com deficiência visual, mas também com outras deficiências, assim como os idosos.

Delmas (2010) pontua duas questões com relação ao acesso: a primeira, é dever do Estado proteger as informações privadas que os cidadãos lhe confiaram; em segundo, deve-se levar em conta o impacto da disponibilização dos documentos on-line na Internet. É justamente este último item, o da disponibilização, que é premente, pois há que considerar os recursos de acessibilidade para que todos possam realmente ter acesso, pois sabemos que uma dessas ações que têm sido adotadas é a da digitalização e, nesse processo, também há que aplicar os requisitos de acessibilidade.

No acesso à informação em quaisquer suportes, a instituição tem que optar por mudança de atitudes nas práticas de trabalho, no modo de funcionamento e no relacionamento com seus usuários. É o que pontua Gonçalves (2002) em sua obra Acesso à informação das entidades públicas, ao retratar a máquina administrativa pública portuguesa. Por isso, cabem aqui reflexões abarcando as tecnologias digitais de informação e comunicação (TDIC) que trazem usuários que outrora não se deslocavam até essas instituições arquivísticas em virtude, sobremaneira, da falta da mais visível das acessibilidades, a física.

Passados dez anos, na extremidade oposta das terras europeias, do outro lado do Atlântico, Eliane S. Gonçalves (2012), pesquisadora brasileira, discorre sobre os aspectos quantitativos no que se refere à ampliação das práticas de acesso à informação graças às TDIC. Segundo a autora,

> O que se observa é que todo esse processo de acesso à informação, acesso livre através de repositórios digitais ainda é algo que está em um processo de enraizamento, portanto ainda sofre com a influência de inúmeros problemas históricos que tornam o processo de inclusão do indivíduo ao acesso à informação de certa forma muito lenta. Mesmo assim, espera-se que seja um passo para a diminuição da distância que existe entre os que possuem acesso direto à informação e os que estão em posição mais periférica neste sentido (Gonçalves, 2012, p. 40, grifos nossos).

O desafio é assegurar a implementação dessa legislação. Além disso, existe ainda a real problemática relacionada aos agentes públicos que precisam ser preparados, tanto cultural quanto administrativamente, para que possam realizar os procedimentos de acordo com as novas exigências legais e exercer o papel essencial de garantir o acesso pleno às informações a todos os cidadãos, sejam eles pessoas com ou sem deficiência, pontos que vários autores defendem. Martins (2011, p. 239, grifos nossos) observa que além da capacitação dos agentes públicos, os órgãos públicos:

> [...] devem designar funcionários para processar solicitações de informação e garantir que os termos da lei sejam cumpridos; estes funcionários devem também ser incumbidos de ajudar os requerentes cujas solicitações se referem a informações já publicadas, inclusive caso necessitem de reformulação.

Além da capacitação dos agentes públicos, há uma discussão dialética conceitual para os termos "acesso" e "acessibilidade". Para Martins Junior (2004, p. 88), ambos os termos são equivalentes:

> O direito de acesso (ou acessibilidade) à informação concretiza algumas garantias em favor do cidadão (pleno desenvolvimento da pessoa humana, igualdade, soberania popular), responde aos preceitos democráticos de publicidade de ação dos órgãos dotados de prerrogativas públicas e contribui para a eficiência e a imparcialidade da atividade administrativa.

Como mencionado, esses dois conceitos — acesso e acessibilidade — foram aprofundados no Referencial Teórico por meio do mapeamento dos termos em glossários de termos científicos da área da Ciência da Informação.

A tese de Medeiros Neto (2012) afirma que as políticas de inclusão digital continuam aquém do estabelecido em normativos nacionais. Observação esta corroborada na tese de Simão (2010) e também na dissertação de Nascimento Oliveira (2015). Este último destaca que, "na prática, a acessibilidade na web e em sistemas interativos ainda é deficiente, prejudicando a inclusão digital e o acesso à informação para as pessoas com deficiência" (Nascimento Oliveira, 2015, p. 34).

A pesquisa acadêmica defendida por Moreira de Oliveira (2016), embora o escopo seja as escolas de governo, também destaca outra questão que corrobora com as falhas da implementação das políticas de inclusão digital, que são as plataformas de acesso em si, muitas das quais não foram planejadas em consonância com os requisitos mínimos de acessibilidade.

O acesso à informação clara, objetiva e em formato acessível é fundamental para o alcance dos objetivos esculpidos na Convenção Internacional dos Direitos das Pessoas com Deficiência e na LBI (Brasil, 2015), na medida em que permite a atuação com competência, voz e efetiva liberdade para o exercício da capacidade civil e, em especial, comunicar ideias, opiniões e crenças (Barboza; Almeida, 2020). Nesse viés, Rodrigues (2003, p. 211) pontua que, para possibilitar e facilitar o acesso aos documentos ou às informações arquivísticas de forma eficaz e eficiente, essas informações contidas nos documentos arquivísticos devem ser fielmente traduzidas em instrumentos autoexplicativos a todos usuários. A autora ainda reforça a importância da descrição como forma de se atender às demandas de informações dos seus usuários e que esta difusão se dá por meio dos instrumentos de pesquisa.

Na França, por exemplo, há uma tradição quase secular no estabelecimento de diretrizes para a produção e a publicação de instrumentos de pesquisa. Todavia, será que esses instrumentos de pesquisa atendem às particularidades das pessoas com deficiência? Essa resposta ainda está em curso, conforme as informações do sítio dos Arquivos Nacionais da França[31]:

> Un soin particulier est pris pour rendre le portail Internet des Archives nationales (France) accessible au plus grand nombre, particulièrement aux personnes ayant un handicap visuel. Le site va évoluer progressivement. Nous sommes engagés à améliorer l'accessibilité des contenus pour que l'accès à l'information ne souffre d'aucune discrimination ou inégalité. La version html est conforme à la norme du W3C (xhtml 1.0 Transitionnal) ainsi qu'aux recommandations du référentiel accessibilité des services Internet de l'administration française (Archives Nationales, 2020)[32].

Trata-se, porém, de um início promissor, tomando por base as iniciativas francesas. Como primeiras iniciativas, temos que pensar o acesso à informação em um mundo globalizado. Os primeiros esboços de uma norma internacional de descrição arquivística foram desenvolvidos em 1988 pela Unesco, e sua primeira versão foi elaborada em 1990 por uma Comissão ad hoc para as Normas de Descrição do ICA, que mais tarde passou a ser um comitê permanente. Para resumir, o modelo adotado desde 1998 é denominado como a segunda versão da Norma Geral Internacional de Descrição Arquivística, a ISAD(G)[33].

---

[31] Disponível em: https://www.archives-nationales.culture.gouv.fr/web/guest/accessibilite. Acesso em: 2 set. 2024.

[32] Um cuidado especial está sendo adotado para tornar o portal de internet dos Arquivos Nacionais (França) acessível ao maior número de pessoas possível, especialmente para pessoas com deficiência visual. O sítio vai evoluir gradativamente. Estamos empenhados em melhorar a acessibilidade dos conteúdos para que o acesso à informação não sofra qualquer discriminação ou desigualdade. A versão html está em conformidade com o padrão W3C (xhtml 1.0 Transitionnal), bem como com as recomendações dos padrões de acessibilidade do serviço de internet da administração francesa (Archives Nationales, 2020, tradução nossa).

[33] A ISAD(G) é uma norma pronta para o uso. A norma recomenda que ela seja usada em consonância com a norma nacional de cada país. Porém, como nem todos os países têm suas normas nacionais, muitos usaram

Na Arquivologia, durante décadas, a mediação entre as informações contidas nos documentos de arquivo e os usuários deu-se por meio de instrumentos de pesquisa (guias, catálogos, repertórios, índices, edição de fontes, entre outros), os quais explicam em diferentes profundidades e grau de detalhes, do genérico ao específico e, por vezes, temáticos: as informações sobre os documentos de arquivos, sua gestão, identificação e localização, situando o pesquisador quanto ao contexto e o sistema de arquivo que o gerou. Todavia, eram práticas direcionadas sobremaneira para documentos textuais.

A difusão do meio analógico para o digital primeiro proporcionou a criação de diversos software que atuaram na transposição das informações dos instrumentos de pesquisa arquivísticos para os ambientes web. Com a Descrição Arquivística não foi diferente, dados textuais como a apresentação e a disponibilização dos documentos e seus instrumentos de pesquisa foram estruturados em padrões de metadados como o MARC Format for Archival and Manuscripts Control (MARC-AMC) em 1982[34] e o Encoded Archival Description (EAD)[35], a partir de 1993.

Uma década depois, em 2003, o CIA apresenta à comunidade arquivística o software livre ICA-AtoM baseado nas quatro principais normas de descrição internacionais (ISAD (G), ISAAR, ISDF e ISDIAH). Ferramenta para disponibilizar e facilitar o acesso de forma on-line aos fundos documentais textuais descritos e organizados em conformidade com as tais normas internacionais. O software é estruturado em uma plataforma multilíngue, oportunizando que usuários de diversas partes do mundo possam ter acesso a uma gama de informações arquivísticas.

Mais tarde surgiram duas ferramentas: o AtoM para a descrição de acervos e o Archivematica para a preservação. Este último de fato não é para acesso dos usuários externos. Mas, claro, deve-se considerar evidentemente a sua operacionalização por profissionais com deficiência.

Contudo, tanto os autores Lima e Flores (2016) mencionam o Archivematica, outro aplicativo de código aberto desenvolvido em 2009 pela empresa canadense Artefactual, mas direcionado para preservação da memória digital, ou seja, dos documentos arquivísticos digitais; quanto

---

a ISAD(G) como referência e modelo para elaborar as suas. É o caso do Brasil, que foi um dos países que se baseou na ISAD(G) e em 2007 publicou a Norma Brasileira de Descrição Arquivística (Nobrade).

[34]   A autora Hagen (1999) apresenta um breve histórico sobre este tema.

[35]   Site oficial disponível em: https://www.loc.gov/ead/. Acesso em: 2 set. 2024.

Bezerra, Silva, Bandeira (2020) mencionam uma ou duas vezes a palavra acessível em seus artigos sobre as práticas do ICA-AtoM.

Os dois textos (Lima; Flores, 2016; Bezerra; Silva; Bandeira, 2020) apresentam duas ferramentas significativas para as instituições arquivísticas, porém em instâncias diferenciadas, uma é para preservação de uso institucional interno e a outra é para descrição de acervos para proporcionar o acesso aos usuários externos. Ao abordarem o termo "acessível", este é adotado somente na vertente de acesso perene, desconsiderando a necessidade de prover acesso aos diferentes perfis dos usuários com deficiência em consonância às normas emanadas pela W3C. Assim,

> Doutra parte, Conrado (2014) chama atenção para o fato da plataforma ICA-AtoM ser compatível com outros softwares, como repositórios digitais, podendo ser utilizado por qualquer instituição para a descrição e difusão do patrimônio documental arquivístico. Como mencionado por Hedlund (2014) que indica que é possível integrar o ICA-AtoM com o software Archivematica, o qual é um "repositório digital que foi construído com o objetivo de armazenar a documentação em formato digital, seguindo os padrões exigidos em relação à preservação desta, visando torná-la acessível a longo prazo" (Hedlung, 2014, p. 60 apud Lima; Flores, 2016, p. 215, grifos nossos).

> O Decreto n. 8.539, de 8 de outubro de 2015 da Casa Civil da Presidência da República, que dispõe sobre o uso do meio eletrônico para a realização do processo administrativo no âmbito dos órgãos e entidades da administração pública federal, também prevê que documentos digitais e processos administrativos eletrônicos já encerrados e que estejam aguardando o cumprimento dos prazos de guarda e destinação final, poderão ser transferidos para uma área de armazenamento específica, sob controle do órgão que os produziu, a fim de serem preservados, seguros e acessíveis pelo tempo necessário (Lima; Flores, 2016, p. 222, grifos nossos).

> O ICA-AtoM, como objeto da pesquisa, mostra-se um grande desenvolvedor digital de descrição arquivística, trazendo consigo elementos de grande utilidade para sua utilização, tais como:

> • Ferramenta bastante completa, pois utiliza-se das principais normas de descrição;

- Acesso rápido e fácil, pois é totalmente gratuito e de código aberto, sendo necessário apenas ingresso em ambiente web;
- Plataforma multilíngue – com isso pessoas de todo o mundo podem entender o que foi representado;
- Interface simples e acessível;
- Vários tipos de usuários, o que mostra sua organização (Bezerra; Silva; Bandeira, 2020, grifos nossos).

Então, nesse sentido, atrelado às TDIC, à necessidade de sistematização e a uma maior divulgação de seus acervos e aos normativos internacionais, os arquivos ou os documentos e as informações arquivísticas de acervos, para que sejam acessíveis, necessitam de instrumentos que permitam esse acesso. Esses instrumentos também precisam estar acessíveis a todos, como pontuado por Vaz (2019) em sua tese, na qual analisa o comportamento dos usuários de arquivos no Arquivo Público Mineiro. Para o pesquisador,

> É importante destacar as questões sobre a acessibilidade às pessoas com deficiência. Tal planejamento deve ser feito desde a estrutura do prédio até os mecanismos que permitirão que se chegue ao documento e à informação nele contida (Vaz, 2019, p. 195, grifos nossos).

Rousseau e Couture (1994) asseveram que uma das vertentes da atuação deste profissional, o arquivista, está no respeito à legislação vigente. Nessa pesquisa foi pontuada diversas vezes a questão singular e imprescindível dos requisitos da acessibilidade, assegurados por lei. Também vale ressaltar que, de forma alguma, esses requisitos interferirão no conteúdo da informação arquivística. Aliás, trata-se de uma demanda antiga de usuários de arquivo de que os instrumentos de pesquisa sejam mais simples e de fácil compreensão, haja vista a assertiva de Vaz (2015, p. 11, grifos nossos):

> Nota-se então que há muito tempo os profissionais de arquivos e pesquisadores da área vêm chamando para a necessidade de se reconhecer o usuário como fator primordial em todo o processo da gestão documental. [...] Os avanços tecnológicos fazem que o arquivo saia do "seu lugar" (Jardim, 1999), cria novos tipos de usuários, o desenvolvimento de novas práticas profissionais, transformando o arquivo em uma unidade dinâmica.

Também é interessante destacar que o desconhecimento sobre os aspectos legais de garantia de acesso com acessibilidade foi detectado, inclusive, no berço da academia, isto é, nas universidades públicas federais, como mencionado na dissertação de Ventura (2015). O autor apresenta como amostra 27 universidades brasileiras, uma de cada estado e do Distrito Federal, tendo como critério de seleção o melhor índice geral de cursos. De acordo com o autor:

> O cumprimento de requisitos de acessibilidade foi considerado uma novidade e uma dificuldade a mais para as universidades. Muito embora a Controladoria-Geral da União – CGU esclareça, através de resposta ao questionário encaminhado pelo e-SIC ao órgão, que o Modelo de Acessibilidade do Governo Eletrônico – e-MAG, existe desde 2007, e é de uso obrigatório nos sítios e portais do governo brasileiro; logo, atender a requisitos de acessibilidade não deveria ser uma novidade/dificuldade para as instituições governamentais e da esfera federal. Quanto à fiscalização da aplicação desses requisitos nos Portais de Transparência, a CGU reforça que é de competência da Coordenação do e-MAG, conforme define o artigo 4º da Portaria nº 03/2007, do Ministério do Planejamento, Orçamento e Gestão – MPOG (Brasil, 2007 apud Ventura, 2015, p. 127).

> Os resultados da pesquisa mostram que a Lei de Acesso à Informação (BRASIL, 2011b) e a Lei da Acessibilidade (BRASIL, 2000b) não estão sendo cumpridas em sua totalidade, e acredita-se que isso ocorre porque não houve tempo, nem capacitação suficientes para que os órgãos estivessem preparados para essa nova demanda social. Ao disponibilizar informações, não se garante que elas estejam acessíveis a todos os usuários, dificultando que a informação chegue a todos que dela necessitem.

> Vale destacar que a acessibilidade digital visa tornar um site utilizável por qualquer pessoa, independentemente de suas condições físicas, dos recursos tecnológicos utilizados para acessar ou de seu conhecimento quanto à tecnologia. A maioria das recomendações de acessibilidade não se limita à utilização da interface apenas a pessoas deficientes, sendo úteis para qualquer usuário (Ventura, 2015, p. 127-128).

Sabemos que no escopo da Arquivologia, as normas de descrição atuam de maneira fundamental no processo de difusão dos arquivos.

Em sua tese, Vaz (2019) destaca as seguintes referências internacionais preconizadas pelo ICA e pelo Conarq. De acordo com o autor:

> A ISAD(G), ISAAR(CPF), ISDF e no caso brasileiro, a Nobrade surge para fortalecer a função do arquivo na guarda e manutenção dos documentos e também para facilitar o acesso, a compreensão do contexto de criação do documento e da entidade produtora. O contexto é essencial no processo de busca da informação, no âmbito dos arquivos se torna uma característica ainda mais especial, visto que um documento fora do seu contexto corre o risco de perder seu significado. A conexão das descrições amplia o escopo da pesquisa do usuário e torna o acervo mais próximo de seu alcance
>
> A ISDIAH reflete uma das funções primordiais de um serviço de referência, pois orienta o usuário não somente quanto ao acervo, mas também quanto à estrutura dos prédios das instituições e suas condições de acessibilidade, presta importante orientação quanto aos serviços oferecidos e até mesmos áreas públicas dentro dos arquivos, como lanchonetes, lojas, acesso à internet e exposições permanentes, podendo portanto ser uma ferramenta auxiliar importante para o setor de referência minando as dúvidas dos usuários e fazendo com que ele ao chegar na instituição se sinta mais familiarizado (Vaz, 2019, p. 159, grifos nossos).

Os detalhes referentes à estrutura dos prédios e às suas condições de acessibilidade abarcam o universo da acessibilidade física. São informações tais como prédio com elevador, existência de banheiro acessível e vaga reservada para pessoas com deficiência, porém não há nenhum indicativo sobre as tecnologias assistivas que promovam a acessibilidade comunicacional.

Por fim, entre diversos trabalhos acadêmicos relevantes, tem-se a aprimorada tese defendida em 2011 por Lannes Padrón (2011), que mapeou os aspectos similares ou não da área de identificação de diversas normas de descrição arquivística, nomeadamente: MAD3, DACS, RAD2, ODA, NOBRADE, MDM, NEDAI, NODAC, NOGADA; correlacionando-as com a ISAD(G).

Na tese de Llanes-Padrón (2011), o termo "accesibilidad" é mencionado 30 vezes, mas em nenhum momento é marcado sob a perspectiva da garantia de acesso para as pessoas com deficiência. É interessante observar que, nos instrumentos de pesquisa mapeados, todos destacam a importância em se garantir o acesso aos documentos por todas as pessoas, mas somente abordam o aspecto de "facilidades" para o acesso físico ao prédio — se a entrada tem rampa e/ou se há elevadores —, abarcando somente os usuários com dificuldade de locomoção, idosos e quiçá os cadeirantes:

> Desde sus orígenes, la archivística ha estado determinada por la obligación de responder a la necesidad de las personas de consultar y acceder a los documentos de los archivos. En este sentido, la descripción ha desempeñado un papel preponderante convirtiéndose en el eslabón principal entre el usuario y los documentos. Su función ha sido promover y facilitar el uso de los fondos o, como establece el Consejo Internacional de Archivos (CIA), "el propósito de la descripción archivística es identificar y explicar el contexto y el contenido del material archivístico a fin de promover su accesibilidad[36]" (Consejo Internacional De Archivos, 1992, p. 8) (Llanes-Padrón, 2011, p. 1).
>
> [...]
>
> El manual inglés, también, se adapta a las nuevas tendencias de intercambio de información en entornos electrónicos. En esta nueva versión demuestra su compatibilidad con EAD. En sus apéndices incluye una tabla donde se ejemplifica la adaptación de su estructura con ISAD(G) y EAD. MAD3 garantiza así la accesibilidad en la web de todos los documentos de archivos descritos[37] (Llanes-Padrón, 2011, p. 105).

Partindo agora para iniciativas de cooperação internacional, destacaremos somente o Iberarchivos que fomenta, desde 1999, por meio de acordos de cooperação e integração dos países ibero-americanos, o acesso, a organização, a descrição, a conservação e a difusão do patrimônio documental. No seu aniversário de 20 anos, estimulou a primeira edição do Prêmio Iberarquivos de Investigação Arquivística, ocasião em que foi premiada a pesquisa de Elizabeth Oliva Díaz de Arce e Dunia Llanes-Padrón: Los modelos conceptuales de descripción archivística: um nuevo

---

[36] Desde suas origens, o Arquivo tem por foco em responder às necessidades dos usuários que consultam e acessam documentos arquivísticos. Neste sentido, a descrição tem desempenhado um papel preponderante, tornando-se o principal elo entre o usuário e os documentos. Sua função tem sido o de promover e facilitar o uso dos acervos ou, como o ICA declara: "o objetivo da descrição arquivística é identificar e explicar o contexto e o conteúdo do material arquivístico a fim de promover sua acessibilidade" [Tradução nossa].

[37] O manual em inglês também se adapta às novas tendências na troca de informações em ambiente web. Nesta nova versão apresenta a sua compatibilidade com a EAD. Nos seus apêndices há um quadro que exemplifica a adaptação da estrutura com a ISAD(G) e o EAD. O MAD3 garante, assim a acessibilidade web de todos os documentos de arquivo descritos [Tradução nossa].

desafio para la representación, el acceso y uso de la información de los archivos, que menciona as diretrizes W3C em dois momentos, a saber:

> En un nivel superior del proyecto WS, se encuentra Resource Description Framework (RDF), desarrollado por el World Wide Web Consortium (W3C) con el objetivo de contar con "un formato que permita alcanzar la compatibilidad entre los diversos sistemas de metadatos, suministrando para ello una arquitectura genérica de metainformación". De esta forma, es posible fusionar diferentes descripciones de recursos realizadas con distintos conjuntos de metadatos a partir de un sistema abstracto de validez universal que debe servir para expresar cualquier conjunto, presente o futuro, de metadatos[38] (Iberarquivos, 2019, p. 17).
>
> [...]
>
> Para W3C (2012) una ontología es un conjunto de estados descriptivos precisos acerca de alguna parte del mundo. De acuerdo con Chandrasekaran, Josephson y Benjamins (1999), la ontología capta la estructura conceptual intrínseca del dominio, proveyendo términos potenciales para describir el conocimiento de este, para lo cual es necesario idear una sintaxis que codifique el conocimiento en función de los conceptos y las relaciones.
>
> En este sentido, el Web Ontology Language (OWL), es un lenguaje para la creación de ontologías, desarrollado igualmente por W3C, el cual se construye usando como base en RDF, e incluye las estructuras añadidas por RDFs. Por tanto, permite expresar formalmente el significado de términos en vocabularios y las relaciones semánticas entre estos, creando "una red de significados interrelacionada, legible y utilizable por máquinas"[39] (Iberarquivos, 2019, p. 18).

---

[38] A um nível acima do projeto WS, existe o Resource Description Framework (RDF) desenvolvido pelo W3C com o objetivo de ter "um formato que permita alcançar a compatibilidade entre vários sistemas de metadados, proporcionando uma arquitetura genérica de metainformação". Desta forma, é possível mesclar diferentes descrições de recursos feitas com diferentes conjuntos de metadados a partir de um sistema abstrato de validade universal que deve servir para expressar qualquer conjunto, presente ou futuro, de metadados [Tradução nossa].

[39] Para W3C (2012), uma ontologia é um conjunto de situações descritivas precisas sobre alguma parte do mundo. De acordo com Chandrasekaran, Josephson e Benjamins (1999), a ontologia capta a estrutura conceitual intrínseca do domínio, fornecendo termos potenciais para descrever o conhecimento dele, para o qual é necessário elaborar uma sintaxe que codifique o conhecimento em termos de conceitos e relações. Nesse sentido, a OWL é uma linguagem para a criação de ontologias, também desenvolvida pelo W3C, construída tendo por base o RDF e inclui as estruturas adicionadas pelos RDFs. Portanto, permite expressar formalmente o significado dos termos em vocabulários e as relações semânticas entre eles, criando "uma rede de significados inter-relacionados, legíveis e utilizáveis por máquinas [Tradução nossa].

Pelo menos há uma menção à W3C, muito embora não haja nenhum aprofundamento sobre a importância dessas diretrizes para todos os usuários, sobretudo os com deficiência. O olhar para todos os usuários continua limitado nos estudos do século XXI. Outrossim, o termo "discapacitado" (Iberarquivos, 2019, p. 64) aparece uma vez na pesquisa e no mesmo sentido abordado no levantamento de Llanes Padrón (2011): a visão capacitista na qual a acessibilidade é centrada na oferta de acessibilidade urbanística e/ou a acessibilidade arquitetônica (a denominada pelo público como acessibilidade física), excluindo todas as demais acessibilidades conforme consta na Convenção Internacional sobre os Direitos das Pessoas com Deficiência, como a acessibilidade aos meios físico, social, econômico e cultural, à saúde, à educação e à informação e à comunicação.

De modo geral, alguns autores como Saes (2001), Carvalho (2005) e Telles (2006) reforçam a ideia de que o exercício da cidadania não está limitado somente ao direito de voto. Para se legitimar esse processo social, o da cidadania, os cidadãos brasileiros devem se conscientizar de que é um direito legítimo e assegurado pela "Constituição Cidadã" (Brasil, 1988), conhecer não somente as atividades do funcionalismo público e dos seus produtores, mas também a sua produção documental, os seus arquivos, ou seja, todas as transações implementadas pelo governo, as quais, por sua vez, são documentadas e arquivadas nestas repartições públicas.

Outras pesquisas acadêmicas oriundas das áreas de Antropologia Social, Ciências Matemáticas e Computação, Ciência Política, Educação, Engenharia de Computação, Letras e Psicologia Social e do Trabalho usam como pano de fundo a questão de acesso à informação, como é o caso das pesquisas de Carvalho (1994), Araújo (2012), Oliveira (2016), Aydos (2017), Souza (2017), Sampieri (2018) e Silva (2018). Ressalvamos que esses aspectos não foram aprofundados na pesquisa realizada.

Da academia, destacam-se Fonseca (2005), Marques, Roncaglio e Rodrigues (2011), Marques (2013) e Santos (2015); esses autores pontuam que em programas de pós-graduação de Ciência da Informação, na área da Arquivologia, há uma abordagem de desenvolvimento de estudos com a temática em acesso à informação. Dessa forma, a pesquisa que gerou esta obra se justifica, mais uma vez, pelo fato de ser um dos tópicos da agenda de pesquisa em Arquivologia, mapeado, inclusive, por Couture, Ducharme e Martineau (1999), em um levantamento da produção científica de vários autores. Uma das categorias de pesquisa identificadas por esses autores denomina-se "Arquivos e sociedade", que abarca questões relacionadas ao papel social da Arquivologia na sociedade. Há ainda uma categoria denominada "Problemas particulares relativos aos arquivos", que abarca questões relacionadas à ética, ao acesso à informação e à proteção à vida privada.

Também é interessante destacar que, entre os temas de pesquisa considerados "em aberto" dentro da Arquivologia, constituem-se propostas de investigação e aprofundamento, de acordo com as Jorente e Llanes-Padrón (2017, p. 8): "[...] a representação descritiva para acesso à informação e os softwares de descrição arquivística" e a "[...] descrição arquivística à luz das normas arquivísticas no contexto do paradigma pós-custodial da Ciência da Informação".

Trata-se de um campo de pesquisa já aberto por pesquisadores brasileiros, como Fonseca (1996; 1999), Costa (1988; 2003; 2004; 2005), Da Matta (2011), Jardim (1995; 1999; 2003; 2010; 2015), Vaz (2009; 2015) e Melo (2020), confirmando-se a necessidade de buscar sua compreensão no contexto mais amplo do direito à informação das pessoas com deficiência e das ferramentas de descrição dentro das políticas de acessibilidade e da informação do Estado brasileiro.

As instituições arquivísticas dos governos mais avançados, ao contrário do que predomina no Brasil, não tratam apenas de conservar e tornar acessíveis os atos do passado. Trata-se de órgãos, muitas vezes ministeriais, com múltiplas funções de apoio à gestão pública e à produção do conhecimento científico e tecnológico. São também territórios da memória coletiva, da cultura e da cidadania. No entanto, no que concerne ao acesso com acessibilidade aos seus acervos, ainda há muito a ser feito, como poderá ser constatado mais adiante.

Entende-se que a acessibilidade é um processo dinâmico que está associado, principalmente, ao desenvolvimento da sociedade. No cenário brasileiro, a garantia do direito do cidadão à informação governamental e o dever de transparência do Estado são temas atuais e recorrentes. Reflexões sobre essa temática foram publicadas em Freire e Rego (2016), abordando pontos considerados relevantes para análise dos portais de transparência brasileiros na perspectiva da política de informação.

Em busca de uma resposta, procuramos entender o contexto em que vivemos à luz da Arquivologia, discutindo a sociedade em rede, abordando o controle social por meio da revolução tecnológica, com destaque para a internet e nela a World Wide Web (www), gerando avanços informacionais e fazendo surgir a "sociedade da informação", conforme apontam Freire (2010) e Freire, Lima e Costa Júnior (2012).

Nesse ínterim, com o desenvolvimento de novas tecnologias e o surgimento de novas leis nacionais e internacionais, tais como a Convenção sobre os Direitos das Pessoas com Deficiência (2007), a LAI (Brasil, 2011) e a LBI (Brasil, 2015), vários debates foram promovidos na esfera do Poder Público a partir de 2010. O foco dessas discussões está na atuação dos profissionais da informação nas formas de se fazer cumprir a LAI, e apenas muito recentemente tem havido pequenas pontuações entrelaçando a LAI e a LBI[40].

> Ao longo dos anos, a Ciência da Informação tem sido influenciada pela evolução da tecnologia da informação. A atuação eficaz do profissional da informação depende de instrumentos tecnológicos que possibilitem o desenvolvimento das diversas atividades informacionais, tendo em vista a complexidade dos serviços, os produtos informacionais e as características dos diferentes públicos, que exigem, cada vez mais, uma compreensão dessas tecnologias (Kafure-Muñoz, 2010, p. 33).

Este estudo propõe-se a indicar um novo aporte para a pesquisa teórica em Arquivologia, ciência em mutação epistemológica e em sua essência transversal e multidisciplinar, isto é, um contributo teórico para a compreensão dos fenômenos de informação e comunicação na sociedade e da atuação dos profissionais de informação em ambientes web.

O modelo para subsidiar uma descrição multinível fundamentada nos requisitos de acessibilidade às informações disponibilizadas em ambiente web para as pessoas com deficiência que se pretende desenvolver nesta pesquisa será importante para que instituições o repliquem, trazendo benefícios futuros para a sociedade e gerando riqueza futura para as pessoas com deficiência, diminuindo o abismo informacional.

---

[40] Lançamento da Suíte VLibras, realizado no Ministério do Planejamento, Orçamento e Gestão (MPOG) em maio de 2016.

# 3

# CAMINHOS PERCORRIDOS

Neste estudo foram aplicados dois pré-testes para verificar os papéis do emissor e do receptor em um ambiente *web*. Essa ação apontou a existência de um descompasso entre a disponibilização de informações nos ambientes *web* e o efetivo acesso das pessoas com deficiência. Essas respostas direcionaram para a necessidade de nortear os requisitos de acessibilidade na promoção do acesso à informação em ambientes *web* dos portais institucionais dos arquivos brasileiros para os cidadãos com deficiência em consonância com a LAI (Brasil, 2011) e a LBI (Brasil, 2015).

O universo da pesquisa abarcou todos os arquivos públicos estaduais, o Arquivo Nacional e arquivos dos poderes legislativo e judiciário sediados na capital federal que integram a Rede de Acessibilidade[41], incluindo o Arquivo da UFSM e o Arquivo da Fundação Oswaldo Cruz (Fiocruz) por serem dois órgãos que estão implementando a linguagem simples[42], a *janelinha* de Libras, as legendas e a AD quando disponibilizam vídeos e imagens em seus portais institucionais, como uma promoção do acesso por meio da acessibilidade comunicacional. Assim sendo, o objetivo da linguagem simples é aproximar o governo ao cotidiano do cidadão por meio de transmissão de informações de maneira simples, objetiva e inclusiva — de forma que qualquer pessoa compreenda os serviços que o governo disponibiliza, como o passo a passo para a obtenção de carteira de registro nacional, transferência de local de votação de título eleitoral, entre outros.

Da literatura especializada internacional, foram selecionados relatórios produzidos por organismos internacionais como os do Banco Mundial, ONU, Unesco e OMS, e artigos científicos da Austrália, do Brasil, da Espanha, dos Estados Unidos, da França e do Reino Unido, por serem

---

[41] Instituições que assinaram o Acordo de Cooperação em Acessibilidade e Inclusão Social da Pessoa com Deficiência em 2017. Disponível em: https://www12.senado.leg.br/institucional/responsabilidade-social/acessibilidade/pages/rede-de-acessibilidade. Acesso em: 23 set. 2024.

[42] Disponível em: https://repositorio.enap.gov.br/bitstream/1/5258/1/Guia-para-revisa%cc%83o-de-documentos.pdf. Acesso em: 23 set. 2024.

estes os países representativos no que concerne à discussão sobre acesso e acessibilidade às informações arquivísticas em ambientes *web*. O ICA, criado em 1948, foi incluído por ser o órgão que produz estudos e pesquisas de caráter normativo área arquivística. É uma organização internacional independente constituída por membros de vários tipos de organizações arquivísticas, por profissionais e estudantes da área, instalada na França. O ICA tem por missão promover as boas práticas de preservação e de uso de arquivos no mundo, salvaguardo, protegendo e valorizando a memória do mundo. Nele, portanto, foram feitas consultas técnicas.

No que se refere à revisão de literatura, aplicou-se a Teoria do Enfoque Meta Analítico Consolidado (TEMAC), de Mariano e Rocha (2017), com o objetivo de identificar o estado da arte das pesquisas brasileiras publicadas em revistas científicas e banco de teses e dissertações sobre acessibilidade e deficiência no período delimitado entre os anos de 1981 e 2020 nas bases de dados *Web of Science*[TM], *Scopus*, Base de Dados Referencial de Artigos e Periódicos em Ciência da Informação (BRAPCI), Arquivologia, Biblioteconomia, Ciência da Informação, Documentação e Museologia (ABCDM) e a Biblioteca Digital Brasileira de Teses e Dissertações.

Chegou-se a elaborar um levantamento no Google Scholar. Todavia, por ser uma plataforma de dados mais abrangente, embora seja a única multilíngue, a quantidade ofertada nessa base acaba dispersando os critérios de uma pesquisa mais bem fundamentada e representativa, o que é corroborado por Harzing e Alakangas (2016). Então, nesta pesquisa, depreendeu-se que os metadados indexados por esta plataforma, a Google Scholar, não traria um resultado representativo para a análise qualitativa proposta.

O corte cronológico de 1981 a 2020 se justifica porque em 1981 foi proclamado pela ONU o "Ano Internacional das Pessoas com Deficiência", sob o tema "Participação plena e igualdade", sendo constituído como um marco histórico da Luta das Pessoas com Deficiência, colocando este grupo no centro de discussões em todo o mundo, inclusive no Brasil (Lanna Junior, 2010).

Verificou-se que entre os trabalhos mais significativos, os de maior projeção são os publicados nas línguas inglesa e francesa, voltados para a área da Educação. Ao apontar para a necessidade premente de a Arquivologia estreitar diálogos com universidades e periódicos científicos de língua inglesa e francesa para uma melhor representatividade em nível internacional, os estudos visam a oferecer produtos e serviços de Tecnologia Assistiva que minimizem as barreiras de acessibilidade e deem autonomia a todas as pessoas, sobretudo àquelas com deficiência.

## 3.1 PRÁTICAS INFORMACIONAIS EM AMBIENTE *WEB*

Na pesquisa empreendida, a realização dos pré-testes teve como propósito conhecer as práticas informacionais dos participantes durante sua interação com a informação em ambientes *web* e com a legislação vigente, tendo em vista que são dois públicos distintos: o gestor da unidade da informação no trato das informações disponibilizadas em ambientes *web* (administrador das informações em ambiente *web*) e o usuário das informações disponibilizadas em ambiente *web*. Além, é claro, de avaliar e aprimorar a metodologia e os instrumentos na extração de dados.

A finalidade desses pré-testes para a pesquisa incidiu na demanda de um melhor mapeamento das necessidades informacionais dos atores envolvidos (o emissor e o receptor), contribuição essa fundamental para a proposta metodológica de requisitos de acessibilidade na promoção do acesso à informação em ambientes web dos portais institucionais dos arquivos brasileiros para os cidadãos com deficiência.

As leituras das pesquisas acadêmicas de Cruz (2008), Simão (2010), Gonçalves (2012), Mattoso (2012), Nakamura (2013), Oliveira (2015), Ventura (2015), Bastos (2017) e Vaz (2019) evidenciaram um padrão na extração de dados focada somente em um dos atores envolvidos no que se refere ao acesso às informações em ambientes *web*, ou seja, a do usuário no papel de receptor destas informações. Foi deixado de lado, pela não pertinência ao estudo, uma análise de um outro ator igualmente importante no processo de se prover as informações, o emissor, desempenhado pelo administrador das informações do ambiente *web*, dentro da assertiva pontuada na Teoria da Comunicação de Shannon (1948) e da visão de Wersig (1971).

A seguir apresentamos os resultados das duas coletas de dados complementares, uma aplicada a Gestores de Ambientes *Web* e a outra, a Usuários.

### 3.1.1 Gestores de Ambientes *Web*

Foi aplicada presencialmente a pesquisa em três eventos da área de Ciência da Informação (CI) entre 2016 e 2018 com perguntas abertas e fechadas fundamentadas nos normativos legais como a Constituição Federal de 1988 (CF), que aponta claramente no art. 5º, inciso XIV, e no art. 23, que o Estado tem por competência proporcionar os meios de acesso às informações (Brasil, 1988). Ressalta-se que os questionários foram aplicados como subsídios das atividades do grupo de pesquisa e extensão "Acessibilidade: Informação e Educação para Democracia" (2016-2019), cadastrado no Programa de Pós-Graduação da Câmara dos Deputados, em parceria com a Universidade Federal de Pernambuco (UFPE). Já no tocante à disponibilidade de informações na internet, a LAI (Brasil, 2011) exige que sejam utilizadas as medidas necessárias para que se garanta a acessibilidade de conteúdo para pessoas com deficiência.

Outrossim, essa garantia do acesso à informação e da inclusão de usuários com deficiência se encontra na Lei 10.098, de 2000, conhecida como Lei da Acessibilidade, tendo sido regulamentada pelo Decreto 5.296, de 2004, sobretudo no artigo 47, que determina que todos os órgãos governamentais devem adaptar seus sítios na *web* de acordo com critérios de acessibilidade até dezembro de 2005. Acresce-se a esse cenário a LBI de 2015.

Também foram contempladas as diretrizes da Resolução do Conselho Nacional de Justiça nº 230, de 2016[43], que orienta as atividades dos órgãos do Poder Judiciário em acordo com as determinações da Convenção Internacional sobre os Direitos das Pessoas com Deficiência e seu Protocolo Facultativo e com a LBI (Brasil, 2015), além de promover a instituição de Comissões Permanentes de Acessibilidade e Inclusão nesses órgãos. Outro motivo em agregar essa resolução é o fato de que em eventos da área de CI há um grande número de servidores públicos que atuam como arquivistas, bibliotecários e museólogos nos órgãos de memória do Poder Judiciário.

Esses foram os principais normativos legais que subsidiaram as nove perguntas fechadas, aplicadas presencialmente em conjunto com o formulário de *feedback* sobre a dinâmica de sensibilização e de livre resposta. Esses instrumentos de coleta foram aplicados durante três oficinas de acessibilidade que integraram a programação oficial dos seguintes eventos:

---

[43] Resolução revogada na 332ª Sessão Ordinária do Conselho Nacional de Justiça (CNJ), realizada no dia 1º de junho de 2021. Disponível em: https://www.youtube.com/watch?v=vXr489Kzbys. Acesso em: 25 set. 2024. A Resolução n.º 401, entrou em vigor a partir de 16 de junho de 2021 e sofreu alterações em 2023 e em 2024 (Resolução n.º 537, de 2023; Resolução n.º 549, de 2024 e Resolução n.º 561, de 2024). Disponível em: https://atos.cnj.jus.br/atos/detalhar/3987. Acesso em: 25 set. 2024.

a. Oficina Arquivos: Acesso e Acessibilidade, ocorrida durante o VII Congresso Nacional de Arquivologia em Fortaleza (CE), em outubro de 2016.

b. *Workshop* Acessibilidade e Acesso sob a Ótica da Ciência da Informação, ofertado no I Congresso Internacional de Humanidades Digitais no Rio de Janeiro (RJ), em abril de 2018.

c. Roda de Conversa, Acessibilidade e Acesso sob a Ótica da Ciência da Informação, realizado no VIII Congresso Nacional de Arquivologia, em João Pessoa (PB), em outubro de 2018.

Ressalte-se que a denominação de tais oficinas teve a nomenclatura remodelada para *Workshop* e Roda de Conversa, conforme exigência da organização dos eventos correlacionados anteriormente; contudo, suas estruturas se mantiveram iguais. Além disso, com base no mapeamento prévio do perfil dos inscritos nas oficinas, foi possível fazer uma adaptação de conteúdo para um dos públicos que, nessas coletas, esteve relacionado especificamente às pessoas de baixa visão.

A opção pelas oficinas justificou-se pela relevância desses eventos para a CI e para a Arquivologia brasileira, considerando a sua realização pelo Fórum Nacional das Associações de Arquivologia do Brasil (FNArq), desde 2004, como um desdobramento da parceria entre universidade (Curso de Arquivologia da Universidade de Brasília) e movimento associativo (Associação Brasiliense de Arquivologia) (Melo, 2020).

Por sua vez, a oficina realizada no I Congresso Internacional de Humanidades Digitais foi agregada como universo, primeiro por se tratar de evento internacional e segundo por conta da tradição histórica da cidade do Rio de Janeiro, na figura institucional da Fundação Getúlio Vargas, considerada(s) berço(s) da Arquivologia brasileira. As oficinas contaram com a participação de 59 interessados; destes, 42 participaram nas respostas às perguntas, haja vista que 3 participantes do Universo 2 deixaram o questionário em branco; e 42 ao Formulário de *Feedback*, conforme consta na Tabela 1:

Tabela 1 – Quantitativo de participantes por evento e por resposta ao Questionário 1

| Evento | Quantitativo de participantes | Questionários respondidos |
|---|---|---|
| VII CNA, 2016: Oficina (Universo 1) | 21 | 10 |
| HDRIO, 2018: Workshop (Universo 2) | 23 | 17 |
| VIII CNA, 2018: Roda de Conversa (Universo 3) | 15 | 15 |
| **Total** | **59** | **42** |

Fonte: Hott (2022)

Os itens a seguir referem-se ao perfil dos respondentes e ao vínculo profissional por universo; após, será apresentada a tabulação geral das respostas; e, por último, as considerações gerais do *feedback* das três oficinas.

### a) Universo 1 – Oficina Arquivos: Acesso e Acessibilidade – Fortaleza (CE)

Esta oficina contou com a participação de 21 inscritos. No entanto, somente dez responderam ao questionário, todos são servidores efetivos e/ou ocupam cargos de função em órgãos públicos e privados da cidade de Fortaleza. Desses, cinco autorizaram a publicação dos dados da pesquisa e outros cinco autorizaram desde que sem a divulgação da instituição a que estão vinculados:

- Das cinco instituições autorizadas, quatro são as unidades de arquivos setoriais da Universidade Federal do Ceará (UFC) e uma da área privada, qual seja, do centro de documentação da Companhia de Gestão de Recursos Hídricos (COGERH).

- Dos quatro arquivos setoriais, tem-se: o núcleo de documentação cultural do Departamento de História, e os arquivos da Pró-Reitoria de Graduação (PROGRAD), da UFC e da Superintendência de Infraestrutura e Gestão.

- Dos cargos: um arquivista, seis técnicos de arquivo, um historiador, um em cargo de função (assessora de programação cultural) e um em cargo de empresa privada.

- Por não haver nenhum representante do Poder Judiciário, as questões 2 e 9 não eram obrigatórias; no entanto, há quatro respostas por causa das particularidades das instituições federais de ensino superior que implementaram Núcleos de Acessibilidade decorrentes do Programa Incluir do Ministério da Educação (MEC)[44].

*Feedback Universo 1*

Ressaltamos a importância da dinâmica proposta, pois despertou nossa atenção para as diferenças, sensibilizou-nos para o problema, o que nos possibilitou apresentar o melhor para a deficiência, amenizada-a por meio da colaboração. No momento, ao ficarmos sem ver ou sem ouvir, foi possível entender melhor o que a pessoa com deficiência sente. Os vídeos permitiram as seguintes conclusões:

- questão da acessibilidade perpassa por todas as esferas da sociedade (familiar, institucional, social etc.);
- como é difícil o dia a dia de uma pessoa com algum tipo de deficiência;
- como a sociedade, no geral, dificulta a acessibilidade desses cidadãos, por vários meios;
- como nós, individualmente, em nosso cotidiano, podemos nos colocar no lugar dessas pessoas e tentar, se não ajudá-las, pelo menos não tornar ainda mais difícil suas dificuldades de locomoção, audiovisuais etc.
- como não estou pensando na acessibilidade, nem em casa, na família, no trabalho.
- por fim, a certeza de, por entender e vivenciar algumas nuances desse cotidiano: preciso fazer algo, fazer minha parte!

Perceber que, embora haja diferenças que dificultam o convívio em sociedade, as pessoas com alguma dificuldade e/ou necessidade específica, quando têm acessibilidade aos sonhos e objetivos, têm muito mais foco e sensibilidade, superando, em muitos casos, o que as pessoas ditas normais conseguem. É muito difícil e árduo o caminho, é necessário que todos sintam e compartilhem toda a ajuda possível. Todos somos iguais, temos coração e sonhos.

---

[44] Disponível em: https://www.gov.br/mec/pt-br/areas-de-atuacao/es/incluir#:~:text=O%20Programa%20Incluir%20objetiva%20promover%20o%20desenvolvimento%20de. Acesso em: 18 set. 2024.

Por isso, os órgãos públicos têm o dever de incentivar, ter a solidariedade, pois os deveres e os direitos são de todos. Destacamos, corroborando a percepção de um dos participantes da pesquisa, o necessário engajamento de toda a sociedade. Muitos locais arquivos têm muito interesse no assunto, mas pouco recurso. "É preciso, urgente, modificar e inverter as prioridades" (Depoimento1, 2016).

É muito interessante a percepção que temos a partir da condição do outro, seja ele surdo, cadeirante ou deficiente visual. Um dos participantes expôs que, a princípio, há certa dificuldade em compreender o que está acontecendo. No entanto, com tempo e atenção, acabamos por sentir e perceber a real condição e suas restrições, ou mesmo as nossas limitações, pois nos tornamos limitados em nossa própria condição.

Entendemos, a partir dos vídeos apresentados, que a questão da acessibilidade é muito importante e essencial, para que possam tratar as pessoas com alguma necessidade específica com um olhar diferenciado, não discriminatório, fazendo com que sintam esta inclusão e, de alguma forma, possam sentir essa ajuda e tenham uma visão para além da integração, mas inclusão pela sociedade. Entendemos também que a universidade deve dar o exemplo e ter essa visão inclusiva entre os espaços e serviços acessíveis a todos. Como o depoimento a seguir demonstra (Depoimento 2, 2016):

> Muito interessante a ideia do primeiro vídeo, de que o portador de deficiência não precisa ser tratado com complacência, mas pode ser tratado como qualquer um, desde que se ofereçam meios de alcançar a excelência esperada (carro adaptado etc.). O vídeo de troca de lugares aborda uma perspectiva muito interessante, para sentir na pele o quão excludente é a falta de acessibilidade. Quanto à audiodescrição, fiquei surpresa como ela, é bastante suficiente para passar a mensagem. Como nunca tinha ouvido, achei bastante inteligível, mas sou iniciante e tinha referências visuais para linear (sic) com a audiodescrição, não sei como seria sem essas referências. No geral, achei muito pertinente a abordagem da dinâmica, para nos colocar em sintonia e empatizar com as necessidades especiais (sic).

erceber o mundo sob uma outra perspectiva nos deixa ver, muitas vezes, o quanto não nos preocupamos com o outro, o quanto não nos sensibilizamos, em não nos colocarmos no lugar do outro. Segundo um dos participantes da oficina, "o que mais gostei foi o vídeo do basquete, onde os amigos colocaram-se na condição de cadeirantes em solidariedade ao amigo. Se tornam, então, páreos, com o mesmo objetivo: se divertirem" (Depoimento 3, 2016). Ainda temos muito a evoluir nas questões que envolvem acessibilidade e a aceitação de que ser diferente não nos torna melhores ou piores do que o outro.

> A primeira percepção que senti ao escutar o vídeo foi como era o acesso dos cadeirantes no esporte e o desempenho com que levavam o jogo; já no segundo vídeo pude perceber que, ao cantar, a moça sinalizava gestos com as mãos para que o público que assistia à apresentação pudesse entender o sentido da música (Depoiumento 4, 2016).

Essa dinâmica mostrou os diversos tipos de deficiência, mas também como cada uma pode ser superada. Se você é cego não é impedido de assistir a um filme ou visitar um museu; se tem alguma deficiência física não é impedido de nadar, jogar, dançar. "Deficiência está na mente de cada ser humano" (Depoimento 5, 2016).

Os vídeos causam sensações de emoção, motivação. O vídeo dos cadeirantes jogando basquete suscitou, nos participantes da oficina, a reflexão do quanto abandonamos pessoas com limitações pelo fato de elas não mais se estabelecerem no padrão físico-sensorial-estético a que estamos acostumados. Como expõe um dos participantes: "o vídeo da moça cantando para os pais por meio da linguagem de sinais sensibiliza pelo fato de que a música que ela canta consegue transmitir a emoção poética pelos gestos. Fiquei profundamente sensibilizado" (Depoimento 6, 2016).

Após a dinâmica, ampliou-se o olhar para as questões que permeiam aspectos da acessibilidade. Até que ponto instituições como as arquivísticas refletem verdadeiramente as necessidades das pessoas que têm alguma deficiência (seja visual, motora etc.)? É essencial colocar-se no lugar do outro, visualizar sobre suas perspectivas e principais dificuldades. A igualdade de direitos e o cumprimento da legislação é essencial para que a instituição cumpra por inteiro o plano de acessibilidade. Assim, como afirmado por um dos participantes: "Cabe a nós, servidores, que estamos em contato direto com a demanda existente na instituição, reforçar a nossos superiores, conscientizando-os e propondo modificações e melhorias" (Depoimento 7, 2016).

Diante das apresentações que abordam de maneira específica as deficiências que atingem parte da população, observa-se a necessidade de uma comunicação que consiga abranger e suprir qualquer que seja a deficiência ou barreira. Dessa forma, a informação deve ter todos os requisitos e atributos que possam ser obedecidos, a fim de que ela seja transmitida, internamente repassada e compreendida.

Na questão da acessibilidade, um dos participantes da oficina citou as condições de sua instituição:

> [...] a instituição da qual faço parte possui algumas acessibilidades. Por exemplo, existem rampas de acesso em alguns locais para que os cadeirantes possam se locomover. Também há elevadores acessíveis em alguns pontos; porém, nem todos funcionam. Assim como as rampas não são suficientes para o acesso a todos os locais. Quanto à surdez, nos cursos de graduação são ofertadas disciplinas de Libras, inclusive com professores surdos. Nestas disciplinas existe a participação de um intérprete em algumas aulas, para facilitar a comunicação entre professor e alunos. Acredito que falta muito para que a acessibilidade seja tida como completa para todas as pessoas com alguma deficiência. Porém, já é possível ver que algumas coisas estão sendo feitas para que aconteçam essas melhorias. O que se deseja é que haja avanços cada vez maiores (Depoimento 8, 2016).

*b) Universo 2 – Workshop Acessibilidade e Acesso sob a Ótica da Ciência da Informação – Rio de Janeiro (RJ)*

Este *workshop* teve a menor duração de todas as oficinas, somente três horas, haja vista as demais terem tido duração de quatro horas. Contou com a participação de 23 inscritos, dos quais 20 responderam ao questionário. A maioria era composta de servidores efetivos e/ou ocupantes de cargos de função de órgãos públicos das cidades de Belém (PA), Porto Alegre (RS), Recife (PE), Rio de Janeiro (RJ), Salvador (BA) e São Paulo (SP). Desses, 14 autorizaram a publicação dos dados da pesquisa e seis autorizaram sem a menção do vínculo institucional.

Das 14 autorizações das publicações dos dados da pesquisa, três foram deixadas em branco pelos respondentes por se tratar de profissionais que não estavam atuando em nenhuma instituição naquele momento, mas deixaram registros como:

> *Primeiramente, parabéns pelo trabalho! Precisamos de mais iniciativas assim.*
>
> *Não respondi ao questionário, porque não atuo em nenhuma instituição, mas a experiência do workshop foi extremamente enriquecedora!*
>
> *O workshop foi extremamente válido, principalmente aos profissionais que lidam com as questões de acessibilidade, pois dá situações e soluções práticas para a melhoria de sua atuação* (Anônimo, 2018).

- Das 11 instituições, participaram representantes: do Centro de Documentação e Disseminação de Informações do Instituto Brasileiro de Geografia e Estatística (IBGE), Rio de Janeiro; do Centro de Pesquisa e Documentação Histórica da Fundação Getúlio Vargas, Rio de Janeiro; da Fundação Oswaldo Cruz, Rio de Janeiro; da Coordenação Geral de Documentação e Informação do Ministério da Saúde, Rio de Janeiro; do Departamento de Arquivologia da Universidade Federal do Estado do Rio de Janeiro; da Divisão de Documentação da Universidade Federal do Rio Grande do Sul, Porto Alegre; do Instituto Brasileiro de Informação em Ciência e Tecnologia, Rio de Janeiro; do Instituto de Educação Colônia do Saber, Rio de Janeiro; do Museu da Pessoa, São Paulo; da Prefeitura do Rio de Janeiro; e da Secretaria de Planejamento da Prefeitura do Recife.

- Dos cargos: um arquivista, três bibliotecários, três pesquisadores (um em iniciação científica e dois em doutorado), três docentes, um estagiário, seis servidores públicos em cargos de direção.

Por não haver nenhum representante do Poder Judiciário, as questões 2 e 9 não eram obrigatórias e, por isso, foram retiradas da tabulação.

## Feedbacks do Universo 2

Os feedbacks do Universo 2 constituem-se da transcrição dos 19 depoimentos sobre a tutoria das mediadoras do Workshop, Acessibilidade e Acesso sob a Ótica da Ciência da Informação, ofertado no I Congresso Internacional de Humanidades Digitais no Rio de Janeiro (RJ), em abril de 2018. A maioria contribuiu por meio de reflexões depreendidas dos vídeos de sensibilização, que foram:

a. Trecho do filme Família Bélier (2014, 3'29" - Loune Je Vole);

b. Trailer oficial do filme A teoria de tudo (2014, 2'40");

c. Campanha do Ministério Público do Estado de Goiás: Troque os lados (2013, 0'41");

d. Propaganda da Samsung tendo como pano de fundo as Paralimpíadas de Londres 2012 (2012, 1'35").

1. a) Emocionante: sensação de liberdade e poder; b) Superação: esperança; c) Antes: acolhimento, compartilhamento; depois: sensibilidade com a causa da acessibilidade, necessidade de integração; d) Sensação de resistência, de potência, de superar limites e alcançar um objetivo à superando os limites.

2. a) Emoções; b) Superação nos move; c) Sobre a lei, a acessibilidade pode dar os seus primeiros passos; d) Difícil tratar de acessibilidade num tempo tão curto. "Não há barreiras quando se determina conquistar uma superação. Ou há? Como fases de um jogo, é preciso persistir".

3. a) Emoção para todos (igualdade); b) A mente é tudo; c) Os sentidos são completos (cada um); d) A integração é necessária. "Ninguém é incapaz".

4. a) Sensibilização e entendimento da situação do outro; b) Coragem e enfrentamento da vida e das dificuldades; c) Desconforto pela falta de informação; humor e satisfação pela ironia utilizada; d) Motivação. "Os vídeos inserem a perspectiva de normalidade das deficiências no cotidiano humano. Por mais que elas pareçam algo distante e na vida de muitos, elas estão presentes na vida cotidiana da sociedade".

5. a) A beleza da música só alcançou sua plenitude quando a cantora representou o sentimento [a letra da música] em libras; b) As possibilidades técnicas para a inclusão de pessoas deficientes devem ser utilizadas com o afeto dos familiares para poder potencializar seus benefícios; c) Tranquilidade — inversão de papéis pode ser uma aplicação interessante para sensibilizar os não deficientes; d) Todos têm limites a serem superados no esporte.

6. a) Por meio de gestos, ela expressa o que não conseguia dizer [falar oralmente] aos pais. emocionante, profundo, sensível; b) Superação, genialidade, amor, leveza; c) Incompreensão, exclusão; d) grandiosidade, força, superação.

7. a) Alegria, doçura; b) Força, resignação; c) Estranhamento por não poder ver, nem ouvir. É difícil não poder utilizar todos os sentidos. Angústia. d) Superação, garra, acreditar em si, confiança.

8. a) Empatia pelo cuidado em incluir, um "carinho" em gestos; b) Superação de obstáculos, entrega a uma causa que te motiva a seguir em frente; c) Transcendental. Contato com algo belo, mesmo sem conseguir captar todos os seus detalhes [momento só ouvindo o vídeo]. Necessidade de gerar comoção, de conscientizar [assistindo ao vídeo]; d) garra, comprometimento. Igualdade.

9. a) Comovente! Muito triste, mas importante por ela poder se comunicar como pais (deficientes auditivos). Muito amor na relação familiar; b) Esperança. companheirismo; c) Audição. O prazer de ouvir a música! [Sem visualizar o vídeo]. d) Superação. Sentimento de alegria imensa! "Seleção perfeita que nos conduz à reflexão".

10. a) Inclusão, participação; b) Superação, possibilidades; c) Curiosidade de saber o que estava acontecendo [assistimos sem ver, só ouvindo]. Fala de comunicação, analfabetismo [após ter assistido ao vídeo]. d) Não há limites.

11. a) Intensidade e inclusão; b) Superação; c) Emoção e curiosidade [assistindo só ouvindo]; respeito e superação [após assistir]; d) Superação, garra e igualdade. "Adorei a dinâmica. Nos faz refletir sobre limitações, superações, respeito e garra".

12. a) União e emoção (todos presentes estarem compreendendo o evento); b) Amor e superação, sentimentos sem limites; c) Serenidade e estranheza (pelo fato em não saber o que está passando, estávamos só ouvindo o filme) e depois assistimos de fato: compreensão das dificuldades quanto à falta de acessibilidade; d) Coragem e superação. "Deficiência não é um obstáculo, o obstáculo é a falta de acessibilidade".

13. a) Muita tristeza; b) Admiração; c) Elegância, no primeiro momento, estranheza na locução que não corresponde à mensagem [nesta hora só ouvimos, não houve AD]. No segundo momento: Respeito. d) Respeito e admiração.

14. a) Inclusão; b) Superação; c) Beleza/leveza (música) [só ouvindo o vídeo] e depois confusão/instabilidade (assistindo e ouvindo

o vídeo); d) Disciplina, vontade. "Os vídeos mostrados [apresentados] trazem as dificuldades enfrentadas pelo ser humano com necessidades especiais, exaltando a urgência da inclusão. Enquanto profissionais da informação, essa questão deve estar sempre presente em nossas práticas.

15. a) A filha é grata aos pais que são surdos, mas quer seguir seu caminho; b) A partir de situações problemáticas na vida de quem tem alguma necessidade especial, nos sensibilizamos com eles; c) Fomento do governo para sensibilização da acessibilidade; d) Superação de suas grandes limitações, resultando em enorme sucesso. A celebração do potencial do ser humano, independentemente do tamanho de suas limitações. "Tem crescido em nossa sociedade a sensibilização para as questões de acessibilidade, bem como estão sendo implantadas medidas mais eficazes para adaptação de pessoas com necessidades especiais na vida social".

16. a) A expressão do coração; b) A superação da vida; c) Sensação de incapacidade [assistindo ao vídeo de olhos fechados] e pequenas atitudes pode transformar tudo [assistido ao vídeo]; d) Eu não me limito. "O respeito ao ser humano deve ser uma premissa à humanidade, e não à sua condição física".

17. a) Libertação e autoconfiança; b) Superação; c) Voar nas ondas do som [só ouvindo o vídeo] e obstáculos físicos a serem enfrentados [assistindo ao vídeo]; d) Não há limite para a superação. "Existem dificuldades, existem obstáculos que podem ser superados com determinação, autoconfiança, integração social."

18. a) Muito bonito. "Me senti surpresa pela forma com que interpretou a música com o auxílio da Língua de Sinais"; b) A compreensão sobre o que deve ser a valorização na vida e saber que tudo é possível, basta querer... é fascinante! c) Sublime a música, me fez sentir leve! Só olhar as imagens, foi engraçada e inteligente a propaganda (colocou o oposto do que ocorre); d) Pura superação! Demais! Sensacional!

19. a) A informação deve ser acessível a todos. b) A importância da conscientização coletiva quanto às necessidades especiais; c) Responsabilidade na produção de políticas públicas em benefí-

cio da acessibilidade. Responsabilidade cidadã em respeitar as políticas estabelecidas de defesa da acessibilidade; d) Motivação individual igual para todos especiais e não especiais. Incentivo no mesmo nível dentro das possibilidades do portador de necessidades especiais.

*c) Universo 3 – Roda de Conversa: Acessibilidade e Acesso sob a Ótica da Ciência da Informação – João Pessoa (PB)*

A roda de conversa contou com a participação de 15 profissionais: arquivistas, técnicos de arquivos, estagiários do curso de Arquivologia e estudantes de pós-graduação das cidades de Brasília (DF), Niterói (RJ), Foz do Iguaçu (PR), João Pessoa (PB), Manaus (AM), Recife (PE), Rio Grande e Santa Maria (RS), Rio Branco (AC) e Salvador (BA).

- Dos 15 respondentes, oito autorizaram a publicação dos dados da pesquisa, e sete também autorizaram desde que não se mencionasse a instituição profissional.

- Das instituições, participaram representantes: do Arquivo do Departamento de Estrada e Rodagem da Paraíba; Arquivo Geral da Fundação Universitária do Rio Grande; da Coordenação de Arquivo da Câmara dos Deputados; da Coordenação de Arquivos do Tribunal de Justiça da Bahia; dois do Departamento de Arquivo Geral da UFSM; da Gerência de Acervos do Tribunal de Justiça do Acre; do Instituto de Ciência da Informação da Universidade Federal da Bahia; sendo que somente os representantes dos tribunais responderam as questões 2 e 9.

- Dos cargos: quatro arquivistas, um bibliotecário, três discentes (dois na graduação do curso de Arquivologia e um na pós-graduação em CI), um docente, um estagiário, um técnico em arquivo, um técnico administrativo, dois técnicos judiciários e um voluntário.

Como explicado anteriormente, aqui serão apresentados os dados gerais dos três universos mencionados, complementados com pequenas análises sobre os resultados. É importante destacar que os questionários foram aplicados sempre no final de cada oficina para uma melhor resposta desse levantamento. Entretanto, para uma melhor visualização dos resultados, as respostas de relevo estão destacadas em negrito e fundo cinza-claro.

Começando pela questão 1, que teve por objetivo mapear o quantitativo de instituições que de fato adotavam de forma integral as práticas emanadas da LAI (Brasil, 2011) e da LBI (Brasil, 2015), destaca-se que somente no Universo 3 há indícios de adoção integral das práticas da LAI (Brasil, 2011). Existem duas causas prováveis: a data da aplicação, em outubro de 2018, considerando já haver passado cerca de sete anos desde a implementação da referida lei; e, talvez, o fato de esse Universo ter tido participantes dos três poderes: o Legislativo, o Judiciário e o Executivo.

Tabela 2 – Quantitativo de instituições que adotam as premissas das LAI e LBI

| Adoção ou não da prática | Acesso (LAI) | | | Acessibilidade (LBI) | | |
|---|---|---|---|---|---|---|
| | Universo 1 | Universo 2 | Universo 3 | Universo 1 | Universo 2 | Universo 3 |
| Adota integralmente | 2 | 4 | 11 | - | 1 | 2 |
| Adota parcialmente | 7 | 9 | 2 | 5 | 10 | 10 |
| Pretende adotar a legislação | 1 | 2 | 1 | 3 | 4 | 1 |
| Não prevê adotar a legislação | - | 2 | 1 | 2 | 2 | 2 |

Fonte: Hott (2022)

A questão 2 era direcionada para instituições públicas do Poder Judiciário. No entanto, representantes de quatro instituições federais de Ensino Superior do Universo 1 resolveram participar da pesquisa por causa da implementação do Programa Incluir[45]. Do Universo 3, haviam representantes dos tribunais estaduais do Acre e da Bahia.

---

[45] Instituído pelos Decretos 5.296, de 2004, e 5.626, de 2005, com o objetivo promover o desenvolvimento de políticas institucionais de acessibilidade e de inclusão nas instituições federais de ensino superior (IFES) de forma a garantir o pleno acesso de pessoas com deficiência nas universidades.

Tabela 3 – Comissão Permanente de Acessibilidade e Inclusão por universo

| Comissão Permanente de Acessibilidade e Inclusão | Universo 1 | Universo 2 | Universo 3 |
|---|---|---|---|
| Sim, já foi criada a Comissão | - | - | 2 |
| A Comissão está em fase de criação | 2 | - | - |
| Não, ainda não foi instituída a Comissão | 2 | - | - |

Fonte: Hott (2022)

Por sua vez, a questão 3 tinha por objetivo mapear se de fato as instituições proveem acesso com acessibilidade a todos, conforme consta na Constituição Federal de 1988 e na LAI (Brasil, 2011). Assim, a resposta predominante foi a de que adotam parcialmente a prática:

Tabela 4 – Quantitativo de instituições na adoção das práticas de acesso com acessibilidade

| Adoção ou não da prática | Universo 1 | Universo 2 | Universo 3 |
|---|---|---|---|
| Adota integralmente a prática | - | 04 | 04 |
| Adota parcialmente a prática | 09 | 10 | 09 |
| Pretende adotar a prática | 01 | 03 | 01 |
| Não prevê adotar a prática | - | 0 | 01 |

Fonte: Hott (2022)

Já as questões 4, 5, 7 e parte da 8 se referiram ao mapeamento das práticas de diretrizes de acessibilidade em ambientes *web* e outras ações relacionadas à promoção da acessibilidade, tais como capacitação de servidores, oferta de acessibilidade comunicacional, entre outros, e o resumo geral com as respostas dos três universos consta na Tabela 5.

Tabela 5 – Dados gerais sobre acessibilidade atitudinal, comunicacional e digital

| Adoção ou não da prática conforme os artigos | Adota integralmente | Adota parcialmente | Pretende adotar | Não prevê adotar |
|---|---|---|---|---|
| Decreto n.º 3.928, de 1999: Art. 7. I. garantia de acesso, inclusive a serviços eletrônicos. | 06 | 21 | 13 | 02 |
| Decreto n.º 3.298, de 1999: Art. 19. VIII adaptações ambientais e outras que garantam o acesso, a melhoria funcional e a autonomia pessoal. | 04 | 22 | 11 | 05 |
| Lei n.º 10.098, de 2000: Art.17 promover a eliminação de barreiras na comunicação. | 04 | 20 | 14 | 04 |
| Lei n.º 10.098, de 2000: Art.18 formação de profissionais em qualquer tipo de comunicação. | 04 | 15 | 13 | 10 |
| Lei n.º 10.098, de 2000: Art.19 adoção de Libras ou legendas em meios de comunicação. | 03 | 15 | 13 | 11 |
| Lei n.º 13.146, de 2015: Art. 9º direito a receber atendimento prioritário em todos serviços de atendimento ao público. | 18 | 11 | 13 | - |
| Lei n.º 13.146, de 2015: Art. 9º. V. acesso à informação e disponibilização de recursos de comunicação acessíveis. | 09 | 16 | 15 | 02 |
| Lei n.º 13.146, de 2015: Art. 74. É garantido aos PcDs acesso a produtos, recursos, estratégias, práticas, processos, métodos e serviços de Tecnologia Assistiva maximizem sua autonomia. | 03 | 18 | 17 | 04 |

Fonte: Hott (2022)

O foco da questão 6 são os artigos 47 e 53 do Decreto 5.296, de 2004, que versam sobre ambiente *web* e oferta de recursos de acessibilidade comunicacional (Brasil, 2004). Na Tabela 6 estão sendo apresentados os dados gerais, englobando os três universos pesquisados.

Tabela 6 – Dados sobre a implementação da acessibilidade digital em ambientes *web*

| Artigos 47 e 53 do Decreto n.º 5.296, de 2004 | SIM | NÃO |
|---|---|---|
| Art. 47 – No prazo de até 12 meses a contar da data de publicação deste Decreto, será obrigatória a acessibilidade nos portais e sítios eletrônicos da administração pública na rede mundial de computadores (internet). | 16 | 26 |
| Art. 47 § 2º – Se "os sítios eletrônicos acessíveis às pessoas com deficiência contêm símbolo que represente a acessibilidade na rede mundial de computadores (internet), adotado nas respectivas páginas de entrada". | 17 | 25 |
| Art. 53 § 2º – A regulamentação deverá prever a utilização dos seguintes sistemas de reprodução das mensagens veiculadas para as pessoas com deficiência auditiva e visual: I – a subtitulação por meio de legenda oculta; II – a janela com intérprete de Libras; e III – a descrição e narração em voz de cenas e imagens. | 09 | 33 |

Fonte: Hott (2022)

Por fim, na segunda parte da questão 8, os dados na Tabela 7 são representativos dos três universos. É interessante destacar que o único órgão que respondeu "sim" foi a Fiocruz, provavelmente em razão de seu histórico de interação com a sociedade, haja vista as iniciativas recentes, como o canal Agência Fiocruz de Notícias e Acessibilidade, criado em abril de 2020[46], que divulga notícias relacionadas à saúde em formatos acessíveis (AD, legendas e Libras).

---

[46] Disponível em: https://agencia.fiocruz.br/fiocruz-amplia-acessibilidade-de-noticias-sobre-covid-19. Acesso em: 15 set. 2024.

Tabela 7 – Plano para aquisição de Tecnologia Assistiva

| Adoção ou não adoção da prática conforme o capítulo III – da Tecnologia Assistiva, da Lei 13.146, de 2015 | Sim, já utilizamos | Só tínhamos conhecimento | Desconhecíamos |
|---|---|---|---|
| Art. 75. "O poder público desenvolverá plano específico de medidas, a ser renovado em cada período de 4 (quatro) anos, com a finalidade de": *facilitar acesso a crédito para aquisição de Tecnologia Assistiva,* simplificar importação, criar fomento à pesquisa e produção nacional de tecnologia, reduzir tributação da cadeia produtiva, agilizar o processo de inclusão de novos recursos no rol de produtos no âmbito do Sistema Único de Saúde (SUS) e de outros órgãos governamentais. | 01 | 15 | 26 |
| Comente se respondeu SIM. | | | |

Fonte: Hott (2022)

Na Tabela 8, temos os resultados referentes à questão 9, somente com dados do Universo 3, por ser o único com representantes do Poder Judiciário que, no caso, são os tribunais estaduais do Acre e da Bahia.

Tabela 8 – Disponibilização de Tecnologia Assistiva

| | SIM | NÃO | NÃO SE APLICA |
|---|---|---|---|
| Art. 80. Devem ser oferecidos todos os recursos de Tecnologia Assistiva disponíveis para que a pessoa com deficiência tenha garantido o acesso à justiça, sempre que figure em um dos polos da ação ou atue como testemunha, partícipe da lide posta em juízo, advogado, defensor público, magistrado ou membro do Ministério Público. Parágrafo único. A pessoa com deficiência tem garantido o acesso ao conteúdo de todos os atos processuais de seu interesse, inclusive no exercício da advocacia. | 1 | 1 | - |

Fonte: Hott (2022)

Finalmente, a Tabela 9 apresenta uma compilação do quantitativo de respostas dos *feedbacks* de cada universo, apresentados no tópico dos usuários.

Tabela 9 – Quantitativo de participantes por evento e no Formulário de *Feedback*

| Evento/Universo | Participantes | *Feedback* |
|---|:---:|:---:|
| VII CNA, 2016: Oficina (Universo 1) | 21 | 14 |
| HDRIO, 2018: Workshop (Universo 2) | 23 | 19 |
| VIII CNA, 2018: Roda de Conversa (Universo 3) | 15 | 10 |
| **Total** | **59** | **43** |

Fonte: Hott (2022)

Como pontuado no escopo dos percursos da pesquisa, esta se desdobra em dois testes-piloto: de um lado, o mapeamento do conhecimento dos gestores das unidades de informação sobre a legislação vigente; e de outro, os aspectos qualitativos sobre a interface de usuários (cidadãos) com relação a um ambiente *web*, tendo sido eleita como "cobaia" a página de acessibilidade da Câmara dos Deputados.

## Feedbacks do Universo 3

Da roda de conversa realizada em João Pessoa (PB), em 2018, sobre a temática acessibilidade e acesso sob a ótica da Ciência da Informação, obtivemos os seguintes depoimentos:

1. "Um tema superimportante e essencial! Percebo o quanto é fundamental ser um agente transformador e trabalhar em prol da inclusão de pessoas que só esperam viver normalmente usufruindo das ferramentas disponíveis. Empatia se faz necessária, mas atitude e persistência são essenciais! Obrigada pela oportunidade de crescimento!" (Lucila Ventura Cruz, 2018).

2. "A dinâmica permitiu a troca de experiências, o conhecimento de políticas de inclusão e acessibilidade já implementadas em alguns órgãos e sobre legislação vigente" (Marcela Virgínia Thimoteo da Silva, 2018).

3. "A dinâmica de sensibilização está sendo muito positiva, pelo fato da integração com a apresentação dos participantes apresentando suas realidades com as questões de acessibilidade, mostrando a realidade em nível nacional" (Gicélia Lira Araújo de Pontes, 2018).

4. "Apesar de já ter tido contato com pessoas com deficiência, achei tudo maravilhoso e percebemos que, quando estamos abertos para a mudanças também relacionadas à acessibilidade, afloraremos a inatividade para que as necessidades e barreiras sejam supridas. Parabéns pela determinação e dedicação ao abraçar uma causa tão nobre para muitos brasileiros! Gratidão, esta é a palavra" (Katya Hokoyama de Mello Kramer Albuquerque, 2018).

5. "A apresentação dos vídeos é extremamente importante como ferramenta de sensibilização, pois trabalha com a emoção dos participantes em relação à acessibilidade" (Cristina Strohschoen dos Santos, 2018).

6. "Fiquei impressionado com um trabalho de grande relevância que eu não tinha ideia dessa dimensão, pois há pouco tempo foi que saí em busca de conhecimento (de acesso à informação) devido a uma filha que já perdeu parte significativa da audição. Parabéns pelo trabalho de excelência e pela construção de novos ideais que aguçam meus sentimentos no despertar para novos conhecimentos nessa área" (Vamdivablo Santos Silva, 2018).

7. "Tenho um sobrinho amado que tem deficiências intelectual, mental, motora, auditiva, além de autismo. Ainda assim, a dinâmica de sensibilização da Roda de Conversa, e mesmo antes, na palestra do dia 09/10, não somente ampliaram minha sensibilidade ao tema, mas me comoveram, me emocionaram. Missão cumprida! A dinâmica é um sucesso! Não parem!" (Rubens Ribeiro Gonçalves da Silva, 2018).

8. "A oportunidade de novas aprendizagens sobre o tema é sempre útil e necessária. A acessibilidade e o acesso aos mais diversos tipos de documentos e usuários são muito relevantes, e o que se aprende se leva para o nosso próprio mundo" (Maria de Fátima Cruz Corrêa, 2018).

9. "A própria apresentação inicial dos participantes é interessante. É um espaço/momento de aprendizado muito importante para um tópico pouco endereçado na graduação" (Alessandro Aquino Dias, 2018).

10. "Com a dinâmica apresentada, percebemos o quanto a aplicabilidade da temática da acessibilidade, muitas vezes, não precisa de grandes investimentos. A tecnologia é importante, mas a atitude de quem media pode fazer a diferença" (Ana Lucia Cunha e Silva, 2018).

## 3.1.2 Usuários

Aqui propomo-nos a avaliar a atuação do receptor (usuário) em ambientes *web*. O cenário foi a adoção de uma amostra intencional classificada como não probabilística, tendo como critérios de escolhas: dez pessoas com ou sem deficiência, entre 16 e 60 anos, que vivenciam o processo de inclusão nos ambientes escolar e laboral, residentes na capital federal, Brasília (DF). Teve como objeto de estudo identificar de que maneira o extrato da sociedade recortado busca insumos quando pesquisa termos relacionados à acessibilidade e às pessoas com deficiência e, se a página de acessibilidade do portal da Câmara dos Deputados seria um destes canais de busca.

Por meio de uma enquete on-line com perguntas fechadas, aplicada em maio de 2019, essa coleta de dados de caráter exploratório objetivou identificar o comportamento do usuário na busca de informação em um ambiente *web*.

Considerando-se os dez estudantes e profissionais que vivenciam as políticas de inclusão escolar e no trabalho, tendo logrado os dez, é interessante registrar que um dos participantes da pesquisa, embora tenha optado em não participar dela, acabou respondendo a todas as questões. Seria por que o respondente é uma pessoa com deficiência auditiva que somente se comunica em Libras e tem pouco domínio da Língua Portuguesa? Para refutar qualquer desentendimento, a pesquisadora refez a enquete comunicando-se em Libras, por ser a língua natural do respondente. Nesse momento, o entrevistado disse que marcou "não concordar" porque não gostaria de ter o nome exposto, o que leva a uma reflexão da fundamentação teórica para pesquisas futuras: o fato de a pessoa somente se comunicar em Libras compromete a compreensão em Língua Portuguesa?[47] Após os devidos

---

[47] Para o aprofundamento dessa temática citamos nas Referências alguns autores, a saber: Lucchesi *et al.* (2015); Toffolo *et al.* (2017); Pinheiro, Toffolo e Vilhena (2020); Ribeiro e Eslabão (2021); e Schneider (2021).

esclarecimentos, as respostas desse participante em particular também foram autorizadas a serem publicadas.

Em síntese, nessa amostra, tem-se o destaque de que: quatro de dez não são pessoas com deficiência, dois de dez são pessoas com deficiência auditiva e se comunicam em Língua Portuguesa; e quatro de dez se dividiram em pessoas com deficiência auditiva que se comunicam em Libras, pessoas com deficiência física, pessoas com deficiência visual (cegas) e pessoas que convivem com familiar com deficiência.

A média de idade preponderou-se na faixa de 41 a 65 anos (seis de dez), o que talvez justifique a alta escolaridade, pós-graduação (oito de dez). A segunda concentração etária foi na faixa entre 26 e 40 anos (três de dez). Houve um estudante de Ensino Médio (um de dez) com menos de 16 anos (um de dez).

Gráfico 2 – Mecanismos de busca utilizados para termos acessibilidade e/ou pessoa com deficiência

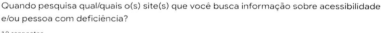
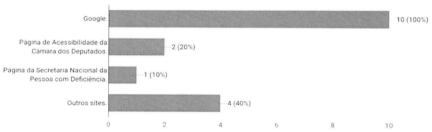

Fonte: Hott (2022)

---

O campo **Texto Alternativo do Formatar Imagem** está preenchido para os leitores de tela. Audiodescrição (AD) para Videntes sobre o Gráfico 2 – Mecanismos de busca utilizados para termos acessibilidade e/ou pessoa com deficiência. Quando pesquisa qual(is) o(s) site(s) que você busca informação sobre acessibilidade e/ou pessoa com deficiência. Dez respostas. Representação gráfica com dez respostas em forma de colunas na vertical na cor cinza, a seguir os resultados: *Google* com dez (100%); Página da Acessibilidade da Câmara dos Deputados com duas (20%), Página da Secretaria Nacional da Pessoa com Deficiência com uma (10%) e outros sites com quatro (40%).

O próximo item, ilustrado no Gráfico 2, está relacionado à interação no processo de pesquisa da informação em ambiente *web* sobre acessibilidade e/ou pessoa com deficiência, essa pergunta permitia a marcação de mais uma resposta.

Por conta das TDIC e da internet, o recurso mais utilizado por pesquisadores tem sido pela busca da informação em sítios especializados. O Gráfico 2 apresentou a preponderância da execução de qualquer pesquisa sempre na ferramenta de busca *Google*, embora houvesse apontamento e reconhecimento das funcionalidades da página de acessibilidade da Câmara dos Deputados (duas entre dez respostas), como apontado nas respostas ilustradas no gráfico a seguir.

Gráfico 3 – Justificativas para escolha da página de acessibilidade da Câmara dos Deputados

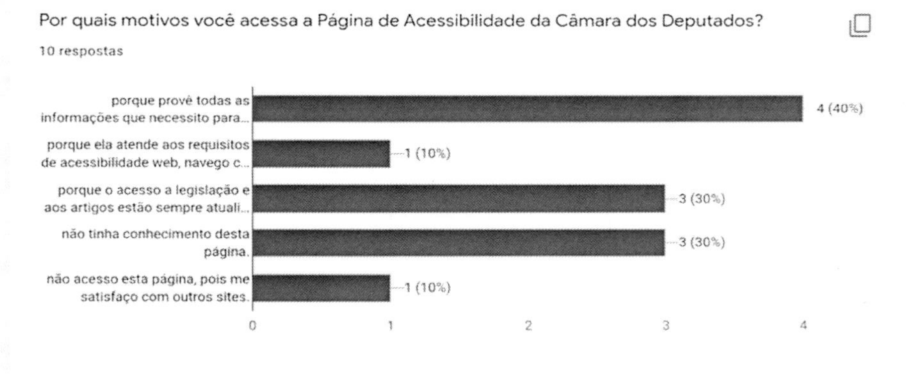

Fonte: Hott (2022)

---

O campo **Texto Alternativo do Formatar Imagem** está preenchido para os leitores de tela. Audiodescrição (AD) para Videntes sobre o Gráfico 3 – Justificativa pela escolha da Página de Acessibilidade da Câmara dos Deputados. Por quais motivos você acessa a Página de Acessibilidade da Câmara dos Deputados? Representação gráfica com dez respostas em forma de colunas na vertical na cor cinza: a) porque provê todas as informações que necessito para meu trabalho e/ou para meus estudos, quatro respostas ou 40%. b) porque ela atende aos requisitos de acessibilidade web, navego com facilidade, uma resposta ou 10%. c) porque o acesso a legislação e aos artigos estão sempre atualizados e acessíveis, três respostas ou 30%. d) não tinha conhecimento desta página: três respostas ou 30%. E a última resposta: e) não acesso esta página, pois me satisfaço com outros sites, uma resposta ou 10%.

---

Os respondentes indicaram que a ferramenta de busca do Google apontava a página de acessibilidade da Câmara dos Deputados como sítio especializado nesta temática. Neste sentido, o Gráfico 3 retrata os motivos que levaram aos respondentes a sanarem suas dúvidas de pesquisa neste sítio específico. Essa pergunta permitia a marcação de mais uma resposta.

Interessante destacar que a página da acessibilidade foi reconhecida pelos respondentes como um sítio que provê todas as informações necessárias para o trabalho e/ou estudos; e pontuaram a questão da existência da legislação e de artigos sempre atualizados e acessíveis. Porém, o menor índice de resposta foi o registrado para o item referente por tratar-se de uma página que atende os requisitos de acessibilidade *web*.

A aplicação desses testes foi necessária para a pesquisa empreendida porque, a partir desses resultados iniciais, a pesquisadora teve conhecimento sobre os dados necessários para a elaboração de instrumentos de coleta de dados a serem aplicados na interface do objeto de estudo: os portais institucionais dos arquivos brasileiros.

# ARQUIVOS PÚBLICOS BRASILEIROS E A PROMOÇÃO DO ACESSO À INFORMAÇÃO

Os resultados dos testes apontaram para uma reformulação de algumas questões para uma melhor extração das informações do emissor e do receptor sobre o acesso à informação dos ambientes web dos portais institucionais dos arquivos públicos brasileiros.

Como mencionado no Capítulo 3, definimos como universo da pesquisa todos os arquivos públicos estaduais, o Arquivo Nacional e arquivos dos poderes Legislativo e Judiciário sediados na capital federal que integram a Rede de Acessibilidade, incluindo o Arquivo da UFSM e o Arquivo da Fiocruz.

A inclusão dessas duas instituições no universo da pesquisa se justifica pelas iniciativas inclusivistas que ambas têm adotado na promoção do acesso com requisitos de acessibilidade. A UFSM desenvolveu o Projeto Retalhos da Memória disponibilizando de forma on-line a descrição arquivística com requisitos de acessibilidade comunicacional, a AD das imagens e vídeos em janelinha de Libras. Já a Fiocruz, devido ao seu importante papel durante a pandemia da covid-19 (2020-2022), como um órgão de interlocução com a população brasileira, depreendeu esforços na promoção de desenvolvimento de peças publicitárias relacionadas à saúde em acessibilidade comunicacional com legendas, Libras e AD.

O Questionário 3, denominado Coleta de Dados sobre as Práticas Informacionais de Arquivos Públicos, foi estruturado no Google Forms com 23 perguntas fechadas tendo por base as respostas dos testes-pilotos A e B, e dividida pelos seguintes módulos: dados sociodemográficos, dados institucionais do arquivo público e dados sobre o acervo disponível em ambiente web.

Seguiu-se primeiramente para a atualização dos dados de endereços e contatos dos Arquivos Públicos, estaduais e federal do Poder Executivo apresentados na dissertação de Mestrado (Hott, 2005), que foram atualizados com base nos cadastros oficiais como o Diretório Brasil de Arquivos[48] e a Consulta às Entidades Custodiadoras de Acervos Arquivísticos Cadastradas[49].

Cabe registrar que esses dois cadastros estão disponibilizados nas páginas institucionais de cada uma delas, o Diretório se encontra no sítio do Arquivo Nacional e a Consulta no sítio do Conarq. Ambos apontaram discrepância no que se refere ao e-mail institucional dos arquivos públicos, sugerindo-se a necessidade das páginas serem constantemente atualizadas, uma vez que são importantes instrumentos para pesquisadores.

Para complementar essa lacuna, navegou-se em cada portal institucional dos arquivos públicos que possuem sítios na Internet, porém alguns estados do Brasil não o possuíam, o que gerou a necessidade de uma nova tentativa de comunicação com base nestes e-mails e novamente a comunicação não foi frutífera.

Um dos entraves no decorrer da pesquisa foi com relação aos canais de comunicação com o universo de pesquisa, lembrando que a autora é pessoa surda, portanto a comunicação por telefone foi descartada. Neste sentido, adotou-se nesta pesquisa a comunicação virtual (e-mail, e-SIC e mensagem pelo Instagram).

Com os dados consolidados e atualizados, a Coleta de Dados foi encaminhada para todo universo da pesquisa: todos os Arquivos Públicos Estaduais e o do Distrito Federal (total de 29)[50], Arquivo Nacional[51] e todos os Arquivos das instituições que integram a Rede de Acessibilidade (total de oito), todos com sede na capital federal; e os arquivos da Fiocruz, da UFSM do Poder Executivo Federal (dois), totalizando 39 instituições arquivísticas públicas, por e-mail no dia 14 de agosto 2022, tendo sido reenviada como lembrete nos dias 30 de agosto, 8 e 12 de setembro.

Porém, até o dia 30 de setembro, das 39 instituições, 26 tinham respondido à Coleta de Dados e, na ânsia de alcançar 100% das respostas,

---

[48]  Disponível em: https://dibrarq.arquivonacional.gov.br/. Acesso em: 15 set. 2024.

[49]  Disponível em: https://www.gov.br/conarq/pt-br/servicos-1/consulta-as-entidades-custodiadoras-de-acervos-arquivisticos-cadastradas. Acesso em: 15 set. 2024.

[50]  Em relação aos Arquivos Públicos Estaduais, destacamos a peculiaridade do estado do Rio Grande do Sul, que tem duas instituições arquivísticas: o Arquivo Público do Estado do Rio Grande do Sul é um Departamento da Secretaria de Planejamento, Governança e Gestão e Arquivo Histórico do Rio Grande do Sul é vinculado à Secretaria de Estado da Cultura.

[51]  Consideramos somente o contato da Sede, na cidade do Rio de Janeiro, uma vez que o sítio aponta um único endereço de e-mail de contato.

optamos também pela interlocução por meio de redes sociais. De fato, muitos arquivos têm perfis no Facebook e, talvez de forma equivocada, muitas suspenderam a interlocução com seus pesquisadores do dia 2 de julho ao dia 30 de outubro sob o argumento de estarem cumprindo as determinações da legislação eleitoral, salvo algumas exceções (Arquivo Nacional, Departamento de Arquivo Geral da UFSM, Arquivo da Câmara dos Deputados).

Por outro lado, das que têm perfis no Instagram, a interlocução fluiu com duas instituições, o Arquivo Público de Alagoas e o Arquivo Público do Acre, esta última direcionada para "Organização em Centros de Atendimento — OCA". É interessante observar que nenhuma das duas respondeu à Coleta de Dados até a data do dia 15 outubro de 2022.

Interessante pontuar também que, apesar da existência dessas tecnologias de comunicação e da cultura, do e-mail institucional como documento, parte das devolutivas à Coleta de Dados sobre as Práticas Informacionais de Arquivos apenas ocorreu de fato por conta do ambiente que o WhatsApp proporciona. Curiosamente, muitos gestores optaram por essa intermediação, via contato particular e isso somente fora possível devido à rede de contatos da pesquisadora/autora.

Talvez seja um indício de mudança de paradigma de comunicação com os usuários apesar da existência de canais nos sítios institucionais; ou talvez, seja a possível falha da infraestrutura tecnológica das instituições, considerando que alguns relataram-nos, in off, não terem recebido o e-mail. Ou talvez seja, também, por estar em curso a mudança da plataforma digital para um endereço único: gov.br[52].

Por fim, procedeu-se também o encaminhamento da coleta de dados via ouvidorias estaduais (e-Sic), o que novamente não se obteve êxito, pois direcionava para o endereço único e dava-se a impressão de ainda não estar totalmente sincronizado. Esse fato ocorreu com a maioria dos arquivos públicos da Região Norte, o que pode estar relacionado à cobertura limitada e à qualidade dos pacotes de dados conforme aponta a Pesquisa realizada em março de 2022 pelo Instituto Brasileiro de Defesa do Consumidor (IDEC)[53].

---

[52]  A Portaria n.o 540, de 8 de setembro de 2020, disciplina a implantação e a gestão do Padrão Digital de Governo dos órgãos e entidades do Poder Executivo Federal em atendimento às diretrizes do Decreto 6.756, de 2019, que instituiu o portal único "gov.br" e versa regras de unificação dos canais digitais do Governo Federal.

[53]  Disponível em: https://idec.org.br/arquivos/pesquisas-acesso-internet/idec_pesquisa-acesso-internet_acesso-internet-regiao-norte.pdf. Acesso em: 21 set. 2024.

Como mencionado, para algumas instituições foi necessário o envio do e-mail mais de uma vez. E, nos casos de e-mail desabilitado e/ou inexistente, novas pesquisas na Internet foram feitas, até que por fim a pesquisadora soube da existência por um dos Diretores Estaduais de um grupo de WhatsApp de Diretores de Arquivos Públicos Estaduais, cuja interlocução foi fundamental. Todavia, mesmo assim, alguns não responderam, supomos que talvez fosse por estarem em campanhas políticas à época, pois trata-se de cargo de livre nomeação.

A seguir apresentaremos as análises de cada tópico da coleta de dados sobre as Práticas Informacionais de Arquivos Público.

## 4.1. ANALISANDO OS DADOS SOCIODEMOGRÁFICOS

Do universo de 39 instituições, obtivemos êxito com 30 arquivos públicos, sendo que duas instituições — Arquivo Público do Estado do Rio de Janeiro e Arquivo Público do Pará — responderam duas vezes em momentos distintos e apresentaram as mesmas respostas, por isso a duplicidade foi descartada. Todas essas instituições também acordaram com os termos da pesquisa e autorizaram a publicação das respostas.

A grata surpresa entre os respondentes foi que a maior parte era servidor público concursado, dos 30 respondentes, esses totalizam 22 e, destes, seis ocupam cargos de nomeação, um é prestador de serviço e/ou terceirizado e um não se enquadrou em nenhuma das opções restantes (empregado público e/ou celetista; estudante e/ou bolsista; militar aposentado não é a julgar pela idade declarada, provavelmente tenha marcado por engano essa opção).

Dos 22 servidores públicos, os dados indicam que estes estão distribuídos nos seguintes cargos: assistente administrativo, técnico de arquivo, sendo que o de arquivista e de bibliotecário são a maioria. Retrato de que na Administração Pública Estadual continua insistindo-se em seleções públicas de nível superior.

Outro indicativo interessante é o extrato das funções dos respondentes, das 30 respostas, 23 foram respondidas por servidores em cargos de nomeação, o que denota o compromisso e o interesse institucional com as pesquisas acadêmicas, conforme retratado no Gráfico 4:

Gráfico 4 – Categoria de função dos respondentes

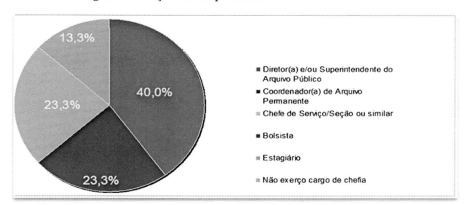

Fonte: Hott (2022)

---

Campo Texto Alternativo do Formatar Imagem está preenchido para os leitores de tela. Audiodescrição (AD) para Videntes sobre o Gráfico 4 – Categoria de função dos respondentes representando por uma pizza na cor degradê cinza qual os 40,0% estão como Diretor(a) e/ou Superintende do Arquivo Público, 23,3% estão como Coordenador(a) de Arquivo Permanente, outros 23,3% como Chefe de Serviço/Seção ou similar e por fim 13,3% não exergem cargo de chefia. Estando em branco as opções para Bolsistas e Estagiários.

---

Com relação à escolaridade, todos os respondentes têm ensino superior e a titulação está assim distribuída: cinco são doutores, nove são mestre, 12 são especialistas e quatro somente graduados. Esses dados indicam a qualificação acadêmica dos gestores das instituições de arquivos públicos, levando a supor que o aumento da oferta de Cursos de Arquivologia pelo país tem impactado de forma positiva em todas regiões do Brasil. Por sua vez, a idade média dos respondentes distribuiu-se da seguinte forma: cinco afirmaram ter entre 56 e 70 anos, 14 têm idade entre 41 e 55 anos e 11 entre 26 e 40 anos, o que reforçou a hipótese de recém-egressos oriundos dos cursos "novos" de Arquivologia.

No site do Conselho Nacional de Arquivos[54] há uma lista dos cursos de Arquivologia em funcionamento. Por muitos anos somente existiram três Universidades Federais que ofereciam esse curso, dois no estado do Rio de Janeiro (Universidade Federal do Estado do Rio de Janeiro, em 1977;

---

[54] Disponível em: https://www.gov.br/conarq/pt-br/conexoes/links-uteis-1/cursos-de-arquivologia-no-brasil. Acesso em: 22 set. 2024.

e Universidade Federal Fluminense, em 1978); e na UFSM, Rio Grande do Sul, em 1977. Em 1991, foi criado o curso na UnB (DF). Os demais foram sendo criados conforme a vontade política.

O estudo que gerou esta obra versava sobre a pessoa com deficiência, por isso, visando a um mapeamento mais fidedigno do universo de pesquisa, a perguntas feita dispôs de nove possibilidades de resposta, como mostra a Figura 2:

Figura 2 – Mapeamento sobre o tipo de deficiência

Você é pessoa com deficiência? *

○ Sim, sou pessoa com deficiência auditiva (surda), me comunico em Língua Portuguesa.

○ Sim, sou pessoa com deficiência auditiva (surda), me comunico somente por Libras.

○ Sim, sou pessoa com deficiência física.

○ Sim, sou pessoa com deficiência intelectual.

○ Sim, sou pessoa com deficiência visual, sou cego (a).

○ Sim, sou pessoa com deficiência visual, tenho baixa visão.

○ Sim, sou pessoa com deficiência visual, tenho visão monocular.

○ Não, mas tenho familiar com deficiência.

○ Não.

Fonte: Hott (2022)

---

O campo Texto Alternativo do Formatar Imagem está preenchido para os leitores de tela. Audiodescrição (AD) para Videntes sobre a Figura 2 – Mapeamento sobre o tipo de deficiência. Card de fundo branco com letras pretas para a pergunta Você é pessoa com deficiência, com a opção de marcar uma das respostas abaixo:

Sim, sou pessoa com deficiência auditiva (surda), me comunico em Língua Portuguesa.

Sim, sou pessoa com deficiência auditiva (surda), me comunico somente por Libras.

Sim, sou pessoa com deficiência física.

---

Sim, sou pessoa com deficiência intelectual.
Sim, sou pessoa com deficiência visual, sou cego(a).
Sim, sou pessoa com deficiência visual, tenho baixa visão.
Sim, sou pessoa com deficiência visual, tenho visão monocular.
Não, mas tenho familiar com deficiência.
Não.

O resultado das respostas, demonstrado no gráfico a seguir, aponta que dos 30 respondentes, quatro afirmaram terem familiar com deficiência, representando 13,3% deste universo, o que corresponde a estatística mundial de um sétimo de pessoas com deficiência (WHO, 2011, p. xi). Por sua vez, depreendemos que o universo dos 86,7% enquadra-se no perfil de cidadãos que participam de políticas públicas como as de vacinação e de prevenção à saúde, como a de glaucoma, assim como não se envolveram em acidentes automobilísticos, perseguições policiais e/ou guerras:

Gráfico 5 – Mapeamento sobre o tipo de deficiência

### Você é pessoa com deficiência?

30 respostas

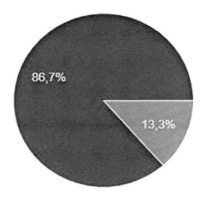

Fonte: Hott (2022)

O campo Texto Alternativo do Formatar Imagem está preenchido para os leitores de tela. Audiodescrição (AD) para Videntes sobre o Gráfico 5 – Mapeamento sobre o tipo de deficiência representando por uma pizza na qual os 86,7% em cinza-escuro afirmaram não ser pessoas com deficiência e 13,3% em cinza-claro possuem familiar com deficiência.

O último item deste bloco incide sobre os resultados de duas perguntas relacionadas às pesquisas on-line: uma apontou que 80% dos respondentes afirmaram que não tinham conhecimento da Página da Acessibilidade da Câmara dos Deputados e a outra mapeou quais sítios o gestor buscaria como estratégia de inclusão, caso tivesse que fazer uma pesquisa on-line sobre acessibilidade e/ou pessoa com deficiência. Os resultados foram:

- 70% afirmaram que recorreriam aos buscadores de pesquisa (Google, DuckDuckGo, Firefox, entre outros);
- 26,7% outros portais e/ou sítios;
- 16,7% a Página da Secretaria Nacional da Pessoa com Deficiência;
- 13,3% ao Portal da ONU;
- 13,3% Página da Acessibilidade da Câmara dos Deputados;
- 10% Portal do Arquivo Nacional;
- 0% Portal do Ministério da Mulher.

## 4.2 DADOS INSTITUCIONAIS DO ARQUIVO PÚBLICO

A maior representatividade geográfica foi a Região Centro-Oeste, pois Brasília é a capital do país e atualmente tem a maior concentração de órgãos federais, a considerar que as instituições públicas que ainda atuavam na antiga sede federal (cidade do Rio de Janeiro) foram gradativamente desabilitadas à medida que os servidores públicos se aposentavam. As que estão aqui mapeadas são integrantes da Rede de Acessibilidade, acrescentando-se o Arquivo Público do Distrito Federal (ArPDF), Arquivo Histórico Estadual de Goiás, Superintendência de Arquivo Público de Mato Grosso e o Arquivo Público Estadual de Mato Grosso do Sul.

Gráfico 6 – Região Geográfica do Arquivo Público

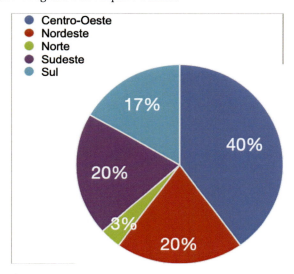

Fonte: Hott (2022)

O campo Texto Alternativo do Formatar Imagem está preenchido para os leitores de tela. Audiodescrição (AD) para Videntes sobre o Gráfico 6 – Região Geográfica dos Arquivos representado por uma pizza na qual 40% em azul-escuro do Centro-Oeste, 20% em vermelho do Nordeste, 3% em verde do Norte, 20% em roxo do Sudeste e 17% em azul-claro do Sul.

A segunda maior concentração foi no Sudeste, com seis respostas, além dos quatro Arquivos Estaduais (Espírito Santo, Minas Gerais, Rio de Janeiro e São Paulo), há também o Arquivo Nacional e a Fiocruz. Em terceiro, a Região Nordeste, curiosamente a região com mais estados brasileiros contou somente com seis retornos, entre nove estados e não responderam os Arquivos dos Estados de Alagoas, Pernambuco e Rio Grande do Norte. O Arquivo de Alagoas foi instituído em 1961, a de Pernambuco em 1945 e o do Rio Grande do Norte em 1904, ou seja, são estados que têm uma história administrativa relativamente consolidada.

A Região Sul, a menor região do país, com três estados, está representada por cinco instituições arquivísticas: o Arquivo Histórico do Rio Grande do Sul, o Arquivo Público do Paraná, o Arquivo Público do Estado do Rio Grande do Sul, o Arquivo Público do Estado de Santa Catarina e o Departamento de Arquivo da UFSM.

A Região Norte, que tem sete estados, somente contou com uma resposta, a do Arquivo Público do Pará, criado em 1894.

Os dois gráficos a seguir apresentam as respostas relacionadas à aplicação da Lei de Acesso à Informação (Gráfico 7) e o do acesso à informação e comunicação da Lei Brasileira de Inclusão da Pessoa com Deficiência (Gráfico 8):

| Gráfico 7 – Percentual de adoção dos preceitos da Lei de Acesso à Informação (LAI) | Gráfico 8 – Percentual de adoção dos preceitos da Lei Brasileira de Inclusão da Pessoa com Deficiência (LBI) |
|---|---|
| 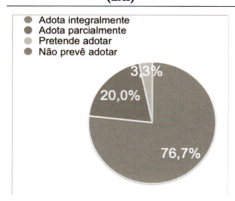 |  |
| Fonte: Hott (2022) | Fonte: Hott (2022) |
| O campo Texto Alternativo do Formatar Imagem está preenchido para os leitores de tela. Audiodescrição (AD) para Videntes sobre o Gráfico 7 – Percentual de adoção dos preceitos da Lei de Acesso à Informação (LAI) representado por uma pizza em cinza degradê na qual 76,7% dos arquivos afirmam adotar integralmente, 20% parcialmente e 3,3% pretende adotar. | O campo Texto Alternativo do Formatar Imagem está preenchido para os leitores de tela. Audiodescrição (AD) para Videntes sobre o Gráfico 8 – Percentual de adoção dos preceitos da Lei Brasileira de Inclusão da Pessoa com Deficiência (LBI) representado por uma pizza colorida na qual 13,3% em azul adota integralmente, 43,3% em vermelho adota parcialmente, 16,7% em verde-claro pretende adotar e 26,7% em roxo não prevêem quando adotarão. |

Interessante observar que nesse universo de arquivos públicos, 3,3% apontam que pretendem adotar e 20% assumiram que adotam parcialmente os preceitos da Lei de Acesso à Informação (Brasil, 2011). Por outro lado, os requisitos de acessibilidade que são essenciais na promoção de acesso à informação, somente 13,3% afirmam adotar integralmente e a maioria (43,3%), afirma que adota parcialmente. Novamente vale relembrar a determinação da Lei de Acessibilidade e da Lei de Atendimento Prioritário, ambas regulamentadas pelo Decreto 5.296, de 2004, que esses requisitos deveriam estar na ordem do dia até dezembro de 2005. O Gráfico 9 apresenta o desconhecimento neste quesito até hoje, apontando a falta de interlocução entre os diferentes departamentos, como a área de tecnologia de informação com a área da Arquivologia.

Gráfico 9 – Portal Institucional dos Arquivos Públicos atendem aos requisitos de acessibilidade?

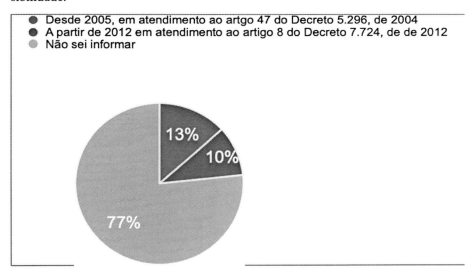

Fonte: Hott (2022)

O campo Texto Alternativo do Formatar Imagem está preenchido para os leitores de tela. Audiodescrição (AD) para Videntes sobre o Gráfico 9 – Portal Institucional dos Arquivos Públicos atendem aos requisitos de acessibilidade? Representado por uma pizza em cinza degradê na qual 13% informaram atender desde 2005, 10% a partir de 2012 e 77% não souberam informar se o portal atende aos requisitos de acessibilidade.

Com base nas impressões dispostas, o Gráfico 10 é somente um extrato a respeito do Fale Conosco e/ou do canal Acesso à Informação pontuado pelos próprios gestores. Como tratava-se de uma pergunta que permitia marcar quantas impressões possíveis e o extrato registrou somente 21 respostas de um universo de 30, depreendemos então que uma parcela de arquivos públicos ainda não se encontra em ambiente virtual.

As impressões foram as seguintes: 42,9% afirmaram que o acesso à informação apenas se dá por meio de um pré-cadastro, e destas, 19% apontaram que a validação do pré-cadastro é feita por meio de Captcha, o que impede a participação ativa de usuários cegos e com baixa visão. Cerca de 23,8% não disponibiliza no Portal Institucional o Fale Conosco e/ou o ícone de Acesso à Informação e outros 14,3% apontaram que a página do Arquivo Público é de difícil localização dentro do Portal Institucional. Esses dois indícios sinalizam mais uma barreira comunicacional de qualquer pessoa com uma instituição governamental.

No entanto, destaca-se que 23,8% dos portais institucionais disponibilizam o ícone do tradutor virtual automático em Libras e 19% compartilham vídeos explicativos com Legendas, Libras e AD. Para os gestores, os ícones não são confusos e também, por ora, não há um robô (chatbot) para o atendimento, ou qualquer intermediação possível que conduzam a uma comunicação efetiva, ou mesmo, redirecionamento para um atendimento humano. Esse último indício pode explicar talvez a dificuldade de aplicar essa pesquisa junto aos Arquivos Públicos de forma on-line.

Gráfico 10 – Impressões dos gestores a respeito do Fale Conosco e/ou do canal Acesso à Informação do seu portal institucional

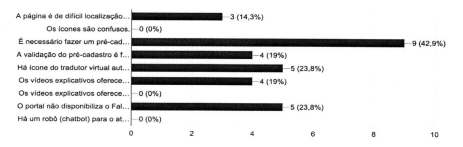

Fonte: Hott (2022)

O campo Texto Alternativo do Formatar Imagem está preenchido para os leitores de tela. Audiodescrição (AD) para Videntes sobre o Gráfico 10 – Impressões dos gestores a respeito do Fale Conosco e/ou do canal Acesso à Informação do seu portal institucional está representada em um gráfico de colunas pretas na horizontal, na qual temos 42,9% apontam a necessidade de fazer um pré-cadastro; 23,8% disseram haver ícone do tradutor virtual automático em Libras, 23,8% afirmam que o portal não disponibiliza o Fale Conosco e/ou o ícone de Acesso à Informação; 19% afirmaram que a validação do pré-cadastro é por meio de Captcha; 19% também disseram haver vídeo explicativos em Legendas, Libras e Audiodescrição; 14,3% afirmaram que a página é de difícil localização dentro do Portal Institucional e por fim os gestores apontaram que os ícones não são confusos, assim como não existem videos só em Libras, como também não há um robô (chatbot) para o atendimento e as respostas não me conduzem a uma comunicação efetiva, assim como não há redirecionamento para um atendimento humano.

Com base nos extratos dos Gráficos 9 e 10, depreende-se que a infraestrutura tecnológica brasileira além de não ser equânime em todas regiões do Brasil, apesar da existência de Marcos Legais como a Lei 12.965, de 2014 (Marco Civil da Internet), e diversos programas institucionais para a implementação da Estratégia de Governo Digital, conforme pode ser observado na Linha do Tempo do Governo Eletrônico ao Governo Digital, que abarca somente a legislação de 2000 a 2019.

Figura 3 – Linha do tempo do Governo Eletrônico ao Governo Digital

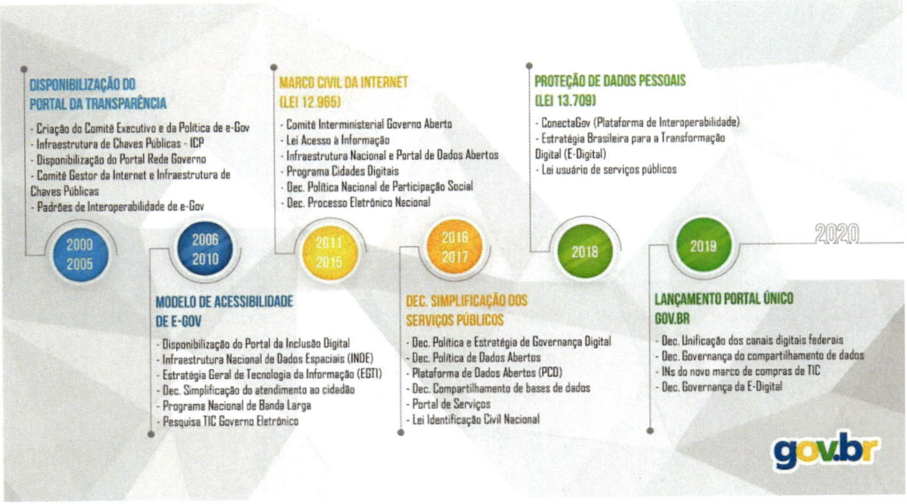

Fonte: Brasil, Linha do Tempo do Governo Eletrônico ao Governo Digital (2020)

O campo Texto Alternativo do Formatar Imagem está preenchido para os leitores de tela. Audiodescrição (AD) para Videntes sobre a Figura 3 – Linha do tempo do Governo Eletrônico ao Governo Digital. Card retangular com seis círculos dispostos como uma linha de tempo nas cores azul, amarela e verde. Cada círculo tem uma seta com a relação dos atos aprovados. Em azul-claro: De 2000 a 2006 – Disponibilização do Portal da Transparência. Em preto: criação do Comitê Executivo e da Política de e-Gov, Infraestrutura de Chaves Públicas (ICP), Disponibilização do Portal Rede Governo, Comitê Gestor da Internet e Infraestrutura de Chaves Públicas, e Padrões de Interoperabilidade de e-Gov. Em azul-escuro: De 2006 a 2010 – Modelo de Acessibilidade de e-Gov. Em preto: Disponibilização do Portal da Inclusão Digital, Infraestrutura Nacional de Dados Espaciais (INDE), Estratégia Geral de Tecnologia da Informação (EGTI), Simplificação do atendimento ao cidadão, Programa Nacional de Banda Larga e Pesquisa TIC Governo Eletrônico; Em amarelo: De 2011 a 2015 – Marco Civil da Internet (Lei 12.965). Em preto: Comitê Interministerial Governo Aberto, Lei Acesso à Informação, Infraestrutura Nacional e Portal de Dados Abertos, Política Nacional de Participação Social e Processo Eletrônico Nacional; Em amarelo-alaranjado: De 2016 a 2017 – Simplificação dos Serviços Públicos. Em preto: Políticas e Estratégia de Governança Digital, Política de Dados Abertos (PCD), Compartilhamento de bases de dados, Portal de Serviços e Lei de Identificação Civil Nacional; Em verde-claro: 2018 – Proteção de Dados Pessoais (Lei 13.709). Em preto: ConectaGov (Plataforma de Interoperabilidade), Estratégia Brasileira para a Transformação Digital (E-Digital) e Lei de Usuário de Serviços Públicos; Em verde-escuro: 2019 – Lançamento Portal Único Gov.Br. Em preto: Unificação dos canais digitais federais, Governança do compartilhamento de dados, Novo marco de compras de TIC e Governança da e-Digital.

Como essas implementações envolvem a participação de vários órgãos ministeriais para a sua efetivação, dispomos aqui os dados relacionados ao processo de execução da Estratégia do Governo Digital 2020-2022, especificamente o Princípio 1, indicador 3.1 que tem por objetivo: Estabelecer padrão mínimo de qualidade para serviços públicos digitais, até 2020, aponta que essa se encontra concluída[55].

Aparentemente essa afirmação não condiz com a realidade dos arquivos públicos estaduais, muito embora esse indicador se refira às organizações em instância federal, mas o executivo em todas esferas tem que andar junto.

Passaremos agora para o Gráfico 11 sobre a Carta de Serviços ao Cidadão, item obrigatório em Portal Institucional, pois bem, 56,7% dessas não mencionam quais recursos de acessibilidade são ofertados:

---

[55] Disponível em: https://app.powerbi.com/view?r=eyJrIjoiZjc2ODA0YjEtM2FlNi00ZDIzLWJiNGItNDU5Zjk4MDM1MzFjIiwidCI6IjNlYzkyOTY5LTVhNTEtNGYxOC04YWM5LWVmMOThmYmFmYTk3OCJ9&pageName=ReportSection5c02b7b41052063a073c. Acesso em: 2 set. 2024.

Gráfico 11 – A Carta de Serviços ao Cidadão do Portal Institucional possui alguma informação sobre recursos de acessibilidade

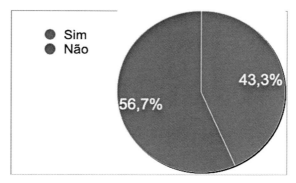

Fonte: Hott (2022)

O campo Texto Alternativo do Formatar Imagem está preenchido para os leitores de tela. Audiodescrição (AD) para Videntes sobre o Gráfico 11 – A Carta de Serviços ao Cidadão do Portal Institucional possui alguma informação sobre recursos de acessibilidade. Na pizza cinza degradê, aponta 43,3% sim, em cinza-claro, e 56,7% não, em cinza-escuro.

Embora a temática da pesquisa que originou esta obra seja o acesso em ambientes web, achamos oportuno investigar o grau de acessibilidade arquitetônica e urbanística do Arquivo Público conforme consta no Gráfico 12:

Gráfico 12 – Recursos de acessibilidade arquitetônica e urbanística do Arquivo Público

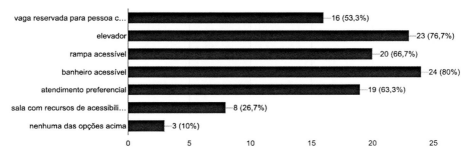

Fonte: Hott (2022)

O campo Texto Alternativo do Formatar Imagem está preenchido para os leitores de tela. Audiodescrição (AD) para Videntes sobre o Gráfico 12 – Recursos de acessibilidade arquitetônica e urbanística do Arquivo Público representado em um gráfico de colunas pretas na horizontal. O texto a seguir faz uma síntese sobre o gráfico.

Há uma predominância de oferta de banheiros acessíveis (80%), elevadores (76,7%) e rampas acessíveis (66,7%) seguido de atendimento preferencial (63,3%), vagas reservadas para pessoas com deficiência (53,3%). Porém, poucos arquivos públicos disponibilizam uma sala de atendimento com recursos de acessibilidade (26,7%) e cerca de três desses arquivos não oferecem nenhum recurso de acessibilidade. Isso aponta para a provável necessidade de uma maior interlocução da Rede de Acessibilidade com as instituições públicas de atendimento ao público como Arquivos, Bibliotecas e Museus, com a cartilha Como Construir um Ambiente Acessível nas Organizações Públicas (2019)[56].

Para fechar esse módulo de Dados Institucionais do Arquivo Público, o Gráfico 13 demonstra que ainda existem arquivos públicos que não contam com domínio ".gov" próprio (26,7%). A importância desse domínio é apresentar aos usuários informações gerais[57] sobre o funcionamento dos Arquivos Públicos, assim como ser um canal de comunicação e disseminação de seus acervos.

---

[56] Disponível em: https://bdjur.stj.jus.br/jspui/bitstream/2011/153117/Como_construir_ambiente_acess%-c3%advel.pdf. Acesso em: 20 set. 2024.

[57] No capítulo II da Lei 12.527, de 2011 (LAI), são elencadas as diretrizes sobre o acesso à informação e sua divulgação, entre elas informações de cunho Institucional, isto é: organograma, competências, regimento interno, telefones, endereços e e-mails, horário de atendimento ao público (Brasil, 2011). Para maior aprofundamento, sugere-se consultar os guias e as orientações disponíveis em: https://www.gov.br/acessoainformacao/pt-br/lai-para-sic/guias-e-orientacoes. Acesso em: 18 out. 2022.

Gráfico 13 – Percentual de Arquivos Públicos com domínio ".gov"

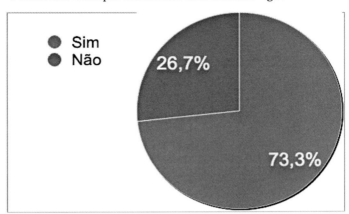

Fonte: Hott (2022)

O campo Texto Alternativo do Formatar Imagem está preenchido para os leitores de tela. Audiodescrição (AD) para videntes sobre o Gráfico 13 – Percentual de Arquivos Públicos com domínio ".gov". Em pizza cinza degradê, aponta 73,3% sim em cinza-claro, e 26,7% não em cinza-escuro.

## 4.3 DADOS SOBRE O ACERVO DISPONÍVEL EM AMBIENTE WEB

Esse item contemplou quatro perguntas direcionadas para o acesso aos acervos dos arquivos públicos disponibilizados em ambiente web. A primeira delas foi se o arquivo público disponibiliza em ambiente web informações gerais sobre seu acervo (conteúdo, história-administrativa e data-limite) nos moldes estabelecidos pela Norma geral internacional de descrição arquivística — ISAD(G), e a segunda pergunta se refere à porcentagem de acervo digitalizado disponível para consulta on-line:

| Gráfico 14 – Acervo disponibilizado em ambiente web atende a ISAD(G) | Gráfico 15 – Percentual de acervo ou parcela de acervo disponibilizado para consulta on-line |
|---|---|
| 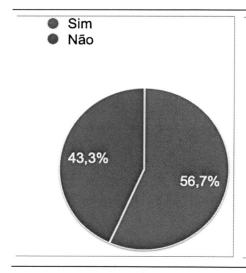 | 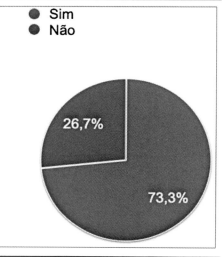 |
| Fonte: Hott (2022) | Fonte: Hott (2022) |
| O campo Texto Alternativo do Formatar Imagem está preenchido para os leitores de tela. Audiodescrição (AD) para videntes sobre o Gráfico 14 – Acervo disponibilizado em ambiente web atende a ISAD(G). Em pizza cinza degradê, aponta 43,3% não em cinza-escuro, e 56,7% sim em cinza-claro. | O campo Texto Alternativo do Formatar Imagem está preenchido para os leitores de tela. Audiodescrição (AD) para videntes sobre o Gráfico 15 – Percentual de acervo ou parcela de acervo disponibilizado para consulta on-line. Em pizza degradê, aponta 26,7% não em cinza-escuro, e 73,3% sim em cinza-claro. |

Curiosamente, a estatística aponta que 73,3% da parcela do acervo dos Arquivos Públicos está disponível para consulta on-line, porém somente 56,7% sinalizaram atender às orientações emanadas pela Norma Geral Internacional de Descrição Arquivístico.

Trata-se de um indício que merece ser investigado, pois, se há uma norma internacional de descrição de acervos com o intuito de uniformizar, por que os gráficos não têm estatísticas próximas? Será que o processo de digitalização de acervos começou sem estar articulada com a ISAD(G)? Ou será que nos contratos de digitalização de acervos não foi abarcado a ISAD(G) e, quando migraram para o ambiente web, percebeu-se a necessidade de identificar esses conteúdos e, com o tempo, a ISAD(G) começou a ser implementada? São questões para aprofundamento em pesquisas e obras futuras.

Por fim, duas perguntas relacionadas às práticas de acessibilidade na promoção do acesso aparentemente demonstraram que houve um erro do respondente. Três arquivos públicos sinalizaram que adotam a acessibilidade comunicacional em seus acervos. Porém, ao navegarmos pelas páginas desses arquivos, observou-se que na verdade, dos tais recursos de acessibilidade, a janelinha de Libras está presente na página institucional do Arquivo Público e não na página do acervo disponível para consultas on-line.

**Gráfico 16 – Percentual de documentos audiovisuais disponibilizados no ambiente web com AD**  **Gráfico 17 – Existência de ícone de Tradutor de Libras na página do acervo digitalizado**

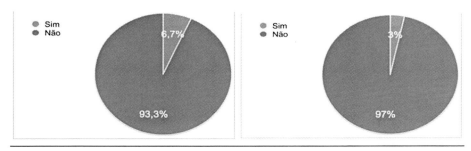

Fonte: Hott (2022) | Fonte: Hott (2022)

| | |
|---|---|
| O campo Texto Alternativo do Formatar Imagem está preenchido para os leitores de tela. Audiodescrição (AD) para videntes sobre o Gráfico 16 – Percentual de documentos audiovisuais no ambiente web com audiodescrição. Em pizza cinza degradê, aponta 6,7% sim em cinza-claro, e 93,3% sim em cinza-escuro. | O campo Texto Alternativo do Formatar Imagem está preenchido para os leitores de tela. Audiodescrição (AD) para videntes sobre o Gráfico 17 – Existência de ícone de Tradutor de Libras na página do acervo digitalizado. Em pizza cinza degradê, aponta 3% sim em cinza-claro, e 97% não em cinza-escuro. |

Com base nas respostas ao universo contemplado, o item a seguir objetiva estreitar o diálogo com o leitor apontando algumas iniciativas que poderão contemplar esses aspectos da acessibilidade na promoção do acesso dos arquivos públicos a todas pessoas.

## 4.4 ACESSIBILIDADE NOS ARQUIVOS PÚBLICOS: HÁ ACESSO DE FATO?

Vivemos em uma sociedade que está conectada em tempo real a todo o tipo de informação e esse comportamento informacional passa a ser uma condição essencial para a gestão estratégica na busca do desenvolvimento, da produtividade e da competitividade institucional e humana. Isso decorre do fenômeno da internet que, agregado às TDIC, possibilitou o acesso e a recuperação de informações, com ênfase nos serviços, nos produtos, nas ferramentas e nas metodologias de ensino aplicadas. Essa revolução ocasionou também impacto nas instituições governamentais a partir das novas formas de gerir os processos, a comunicação científica e, consequentemente, os serviços ofertados por essas instituições.

Neste cenário, ao lado das promessas da internet de um ideal de liberdade e descentralização, há também as possibilidades de congregar e agregar conceitos como diversidade, igualdade e colaboração. Em setembro de 2015, líderes mundiais reuniram-se na sede da ONU, em Nova Iorque, e aprovaram um plano de ação denominado Agenda 2030. Estruturada em 17 Objetivos de Desenvolvimento Sustentável (ODS), a Agenda 2030 traça uma ambiciosa jornada de atuação coletiva internacional centrada na dignidade dos indivíduos, na igualdade e no respeito entre todos como princípios fundamentais. Em um mundo globalizado e holístico, a Agenda 2030 não se limitará em analisar apenas os efeitos da revolução tecnológica, mas também as mutações aceleradas de um mundo em rápida transformação que traz consigo novas formas de exclusão.

Por sua vez, as instituições públicas e privadas, no seu fazer cotidiano e na produção contínua de documentos, atreladas às TDIC, têm como desafio hoje a gestão destes acervos relacionados à preservação para garantia de acesso futuro a todas as pessoas, independentemente do suporte e do formato. Os conteúdos digitais dos ambientes web têm cada vez um maior potencial no processo de democratização de acesso às informações governamentais que, no caso brasileiro, é um direito assegurado a todos os cidadãos conforme estabelece a Constituição Federal de 1988.

Isso posto, vale a pena recordarmos as estatísticas do Censo do IBGE de 2010 a respeito da população brasileira com deficiência, conforme ilustradas na Figura 4, para um maior dimensionamento da importância em se garantir a acessibilidade no acesso às informações.

O censo é um estudo realizado para o levantamento de informações sobre a população de um país, o Censo Demográfico do IBGE 2010 retratou que entre cerca de 45,6 milhões de brasileiros, quase um quarto da população é composta de pessoas com deficiência (IBGE, 2010). Trata-se de um dado estatístico de relevo, principalmente quando a visualizamos como um universo de cem pessoas e destas, 19 são pessoas com deficiência visual, sete são pessoas com deficiência física, cinco são pessoas com deficiência auditiva e uma é pessoa com deficiência intelectual. Outrossim, esperava-se que, com o simples fato de existir essa estatística, as práticas de garantia de acesso a todos já deveriam estar de fato implementadas em todos arquivos públicos.

Figura 4 – Censo Demográfico 2010, se o Brasil tivesse 100 pessoas

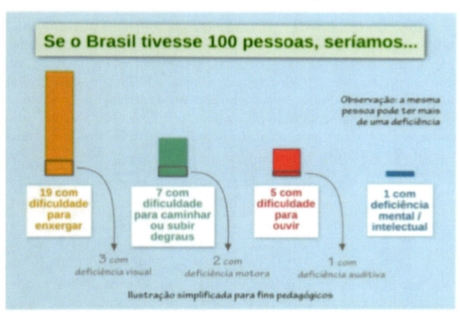

Fonte: Censo Demográfico 2010 (IBGE, 2010)

O campo Texto Alternativo do Formatar Imagem está preenchido para os leitores de tela. Audiodescrição (AD) para videntes sobre a Figura 4 – Censo Demográfico do IBGE 2010, se o Brasil tivesse 100 pessoas: Ilustração simplificada para fins pedagógicos de fundo azul-claro na parte de cima ao centro em um retângulo de fundo verde-claro com letras verde-escura: Se o Brasil tivesse 100 pessoas, seríamos... Abaixo do retângulo temos quatro colunas verticais nas cores laranja, verde, vermelha e azul, com destaque em quadrado de fundo branco os dizeres sobre a proporcionalidade de cada tipo de deficiência. Ou seja, das 100 pessoas, 19 delas teriam dificuldade para enxergar e dessas, três seriam cegas (representada por coluna vertical de cor laranja), sete teriam dificuldades para caminhar ou subir degraus e dessas, dois seriam cadeirantes (coluna verde), cinco teriam dificuldade para ouvir e, dessas, uma seria pessoa com deficiência auditiva com perda severa e/ou profunda ou surda (coluna vermelha), e uma seria pessoa com deficiência intelectual (coluna azul) (Hott, 2022).

No entanto, mesmo com um dado estatístico relevante, para a maioria das pessoas, as leigas, os termos "acessibilidade" e/ou "barreira de acesso" são ainda compreendidos como restritos somente às pessoas com deficiência.

No entanto, na verdade, a acessibilidade em ambientes web possibilita aplicações muito mais amplas: primeiro, às pessoas com deficiência, para que não tenham barreiras ao navegar em uma página, ao utilizar um aplicativo, ou participar de um jogo on-line; por outro lado, sob uma visão mais ampla, ao tornar o conteúdo acessível, outros usuários também são beneficiados. Muitos, inclusive, não são pessoas com deficiência, mas navegam e/ou utilizam uma determinada aplicação nos mais diferentes cenários.

> Por exemplo, garantir um bom contraste entre texto e o fundo permite que pessoas com baixa visão consigam ler um texto com mais facilidade, mas permite também que pessoas que utilizam o celular na rua, sob incidência de sol na tela, tenham menos dificuldade em ler as informações na tela do celular (Ferraz, 2020, p. 11).

Outro cenário pouco valorizado refere-se às legendas em vídeos, de acordo com Lobato (2021), estas atendem às pessoas que:

a. estão assistindo a uma mídia em ambiente ruidoso, por exemplo, as academias; e as legendas complementam o áudio;

b. estão em ambiente em que o silêncio é necessário, pois um bebê ouvinte está dormindo;

c. são estrangeiros, surdos e/ou pessoas com deficiência auditiva e querem fixar o aprendizado da língua portuguesa. Afinal, é um excelente recurso no processo de aprendizado de um idioma; e, no caso dos surdos, ser alfabetizado faz toda diferença;

d. estão em fase de alfabetização; tanto as crianças ouvintes e as surdas que usam tecnologias auditivas quando expostas às legendas têm mais facilidade no processo de alfabetização, segundo alguns estudos que abordam a neuroplasticidade e o desenvolvimento cognitivo;

e. estão perdendo a audição, mas ainda não estão adaptadas à tecnologias auditivas;

f. não tiveram a oportunidade em aprender direito a língua portuguesa, como milhares de analfabetos funcionais.

Um cenário bastante comum é o uso de tabelas como conteúdo em ambientes web sem atender às diretrizes de acessibilidade da W3C. Documentos destinados aos autores de páginas, projetistas de sítios e aos desenvolvedores de ferramentas para criação de conteúdo, que visam tornar o conteúdo em ambientes web acessível a todas as pessoas, inclusive às pessoas com deficiência.

Para as pessoas cegas e/ou com baixa visão, a intermediação com os conteúdos em ambiente web se dá por meio de leitores de tela, que é um dispositivo do usuário. Usando esse recurso, elas leem a tela por meio de um sintetizador que transforma a informação selecionada em áudio e é transmitida instantaneamente para o fone de áudio do usuário.

De forma hipotética navegamos pela página do ArPDF com o leitor de tela e selecionamos essas informações:

- Guia de Fundos 2019 (on-line)[58].

- Relatório Trimestral da Ouvidoria – Abril-Junho 2022[59].

Como os exemplos anteriores não foram configurados com as diretrizes da W3C, o leitor de tela entenderá a capa do Guia de Fundos como se o usuário estivesse em um item do tipo imagem JPEG, o mesmo ocorre

---

[58] Disponível: https://www.arquivopublico.df.gov.br/wp-content/uploads/2020/02/GUIA_DE_FUNDOS_Completo_HomePage_ArPDF-novo.pdf. Acesso em: 2 set. 2024.

[59] Disponível: https://www.arquivopublico.df.gov.br/wp-content/uploads/2019/07/rELATORIO-OUVIDORIA.pdf. Acesso em: 2 set. 2024.

com o Relatório Trimestral da Ouvidoria, pois foram disponibilizados no formato PDF sem o uso do Reconhecimento Ótico de Caracteres (OCR):

Figura 5 – Captura de tela de página web do Guia de Fundos do ArPDF

Fonte: ArPDF (2019)

O campo Texto Alternativo do Formatar Imagem está preenchido para os leitores de tela. Audiodescrição (AD) para videntes sobre a Figura 5 – Captura de tela de página web (print) da capa do Guia de Fundos do ArPDF com o leitor de tela ativado que diz "arquivopublico.df.gov.br/wp-content/uploads/2020/02/GUIA_DE_FUNDOS_Completo_HomePage_ArPDF-novo.pdf". E a capa de fundo cinza mostra a cúpula da Câmara dos Deputados e os dois prédios do Anexo I do Congresso Nacional em construção.

Um outro caso envolve as tabelas, uma prática onipresente nas atividades arquivísticas de um arquivo público, como as Listagens de Eliminação de Documentos. Aqui apontaremos também de forma hipotética, e o usamos como exemplo o Arquivo Público do Estado do Paraná:

ACESSO À INFORMAÇÃO EM AMBIENTE WEB

Figura 6 – Pedido de Eliminação de Documentos baixado do sítio do Arquivo Público do Estado do Paraná[60]

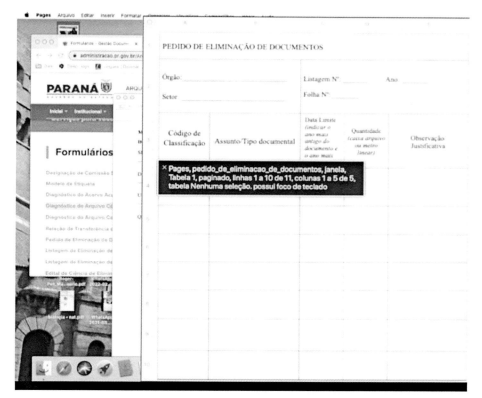

Fonte: Arquivo Público do Estado do Paraná. Formulários – Gestão Documental (2022)

O campo Texto Alternativo do Formatar Imagem está preenchido para os leitores de tela. Audiodescrição (AD) para videntes sobre a Figura 6 – Pedido de Eliminação de Documentos baixado do sítio do Arquivo Público do Estado do Paraná. Ao fundo há captura de tela de página web (print) do sítio do Arquivo Público do Estado do Paraná no item Gestão Documental, Formulários com a sobreposição do arquivo em doc do Pedido de Eliminação de Documentos estruturado em uma tabela com o leitor de tela em destaque: Pages pedido de eliminação de documentos, janela, Tabela 1, paginado, linhas 1 a 10 de 11, colunas 1 a 5 de 5, tabela".

---

[60] Disponível em: https://www.administracao.pr.gov.br/ArquivoPublico/Pagina/Formularios-Gestao-Documental. Acesso em: 10 out. 2024.

No exemplo anterior, o leitor de tela reproduziu: "Pages, pedido de eliminação de documentos, janela, Tabela 1, paginado, linhas 1 a 10 de 11, colunas 1 a 5 de 5, tabela". Mais um exemplo de tabelas estruturadas sem os preceitos da W3C. Ou seja, a pessoa cega tem somente uma noção de que se trata de uma tabela sobre eliminação de documentos, mas não sabe informações como código de classificação, assunto/tipo documental, data-limite, quantidade. Nesse contexto, as considerações de Fraz et al. (p. 74, 2019) são relevantes e esclarecem que:

> Barreira é qualquer entrave, obstáculo, atitude ou comportamento que limite ou impeça a participação social da pessoa, bem como o gozo, a fruição e o exercício de seus direitos à acessibilidade, à liberdade de movimento e de expressão, à comunicação, ao acesso à informação, à compreensão, à circulação com segurança, entre outros. Neste contexto, vale reforçar que não são somente as pessoas com deficiência que necessitam de adequações para a participação social [...]. Qualquer pessoa poderá, em algum momento de sua vida, necessitar de algum tipo de adaptação ou adequação para exercer suas atividades. Assim, quebrar barreiras nos ambientes virtuais, tornar uma página acessível é permitir que diferentes tipos de pessoas, com deficiência ou não, possam chegar aos conteúdos e compreendê-los com autonomia. [...] As pessoas com deficiência são cidadãos que estudam, trabalham e querem fazer parte da sociedade, e a tecnologia deve ser um facilitador e não um complicador [...].

A importância da aplicação de acessibilidade em ambientes web reflete também no cumprimento legal do artigo 47 do Decreto 5.296, de 2004, que torna obrigatória a acessibilidade virtual a partir de dezembro de 2005. Além disso, páginas acessíveis são mais facilmente indexadas por mecanismos de busca e são compatíveis com uma maior variedade de aplicativos, beneficiando, assim, todas as pessoas, incluindo pessoas idosas, aquelas sem habilidade para usar a internet, aquelas que utilizam dispositivos móveis e muitas outras.

Como já pontuado, o principal documento internacional de recomendações de acessibilidade é o WCAG 2.0 (Web Content Accessibility Guidelines), cujas diretrizes explicam como tornar o conteúdo web acessível a todas as pessoas. No Brasil, no âmbito do Poder Executivo, temos o eMAG[61] (Modelo de Acessibilidade em Governo Eletrônico) desde a Portaria

---

[61] Disponível em: http://emag.governoeletronico.gov.br. Acesso em: 22 set. 2024.

nº 3, de 2007[62], que passou por uma pequena reformulação estrutural em 2019, com a Portaria nº 41[63], sendo mantidas as diretrizes de acessibilidade.

Faz-se importante destacar que futuros pesquisadores arquivistas parecem demonstrar interesse pela abordagem sobre as pessoas com deficiência, tendo em vista dois trabalhos de conclusão de curso de Arquivologia: um da Universidade Federal do Rio Grande (Silva, 2022) e outro da UFF (Lopes, 2022) que se debruçaram sobre a temática.

Recapitulando as discussões abordadas no Capítulo 2, vamos aprofundar aqui acerca de formatos de descrição arquivisitica, o formato Encoded Archival Description (EAD) foi desenvolvido em 1993 na biblioteca da Universidade da Califórnia especificamente para atender à disponibilização de instrumentos de pesquisa e documentos arquivísticos dispersos em ambientes web. Hoje, a Biblioteca do Congresso Americano e a Associação dos Arquivistas Americanos, em parceria com as instituições arquivísticas do mundo, a administram. Para Sousa et al. (2006, p. 47):

> Este formato [de metadados] apresenta algumas características que possibilitam sua utilização por instituições arquivísticas, tais quais: independência de software e hardware, reflete a estrutura da ISAD(G), permite a troca de dados arquivísticos descritos em seus campos, e facilita a conversão de instrumentos de descrição.

Visando à construção padronizada dos instrumentos de pesquisa arquivísticos, o projeto britânico Archives Hub[64], em 1998, estruturou os acervos descritos de acordo com a ISAD(G) na linguagem de marcação denominada Extensible Markup Language (XML)[65] e a desenvolveu no Document Type Definition (DTD), que é fundamentada na Arquitetura da Informação, dando origem à Descrição Arquivística Codificada (EAD-DTD).

---

[62] Disponível em: https://www.gov.br/governodigital/pt-br/legislacao/portaria3_eMAG.pdf. Acesso em: 22 set. 2024.

[63] Disponível em: https://www.in.gov.br/en/web/dou/-/portaria-n-41-de-3-de-setembro-de-2019-218015506. Acesso em: 23 set. 2024.

[64] Projeto britânico desenvolvido em 1998 com o propósito de permitir o acesso aos instrumentos de pesquisa de mais de 320 instituições inglesas, entre acervos custodiados em universidades, faculdades, repositórios, instituições governamentais entre outros.

[65] Linguagens de marcação são sistemas usados para definir padrões e formatos de exibição dentro de um documento. Em resumo, funcionam para definir como um determinado conteúdo vai ser visualizado na tela ou como os dados serão distribuídos. Essa codificação interna é feita pelo uso de marcadores ou tags (Magalhães, 2020).

No ambiente web, os metadados são as "lanternas" que guiam um caminho no escuro, são essenciais e devem ser explicitamente documentados desde sua concepção. Sua importância é tal, que impacta sobremaneira a recuperação das informações e seus campos devem ser adequadamente preenchidos. Em linhas gerais, são campos pré-estruturados e predeterminados nos quais somente aquele dado deve ser preenchido.

Para fins de ilustração, o campo CEP ou o ZIP devem ser preenchidos somente com números e há uma ordem específica, pois esses direcionam para os códigos de endereçamento postal. Um outro exemplo interessante é o cabeçalho do campo assunto dos e-mails. São práticas que, quando adotadas, facilitam a recuperação da informação em qualquer ambiente web. Assim, de todos os aspectos que podem ser levantados quando da construção dos ambientes web, o que se refere à adesão de padrões é dos mais importantes, sobretudo os que abarcam os requisitos de acessibilidade emanados pela W3C pois, desta maneira, o leque do acesso é muito mais amplo.

Outro aspecto importante trazida pelos metadados é também considerar os diferentes olhares para o mesmo objeto. Andrade (2007), neste sentido, tem enfatizado a importância de se ampliar o olhar para os diferentes tipos dos perfis de usuários. Conforme o autor:

> Um dos desafios atuais para as instituições que custodiam parcelas da memória da sociedade, nesse caso as instituições arquivísticas, é ampliar sua capacidade de atendimento a uma clientela cada vez mais diversificada de interessados em obter acesso aos acervos custodiados. Há uma crescente variação nos perfis de usuários, anteriormente formada quase que exclusivamente por historiadores (Andrade, 2007, p. 72, grifos nossos).

A escolha dos padrões também propicia um campo de reflexão importante, padrões abertos podem significar a não dependência de monopólios e/ou fornecedores de soluções específicos. A dependência institucional a um fornecedor ou padrão proprietário pode comprometer a curto, médio ou longo prazo a continuação de boas iniciativas.

## 4.5 CONTRIBUIÇÃO ARQUIVÍSTICA PARA A ACESSIBILIDADE: ESTRATÉGIAS BÁSICAS PARA A PROMOÇÃO DO ACESSO

Considerando que para as pessoas com deficiência o mundo virtual se apresenta como uma porta aberta para diferentes informações, os gestores e os profissionais que atuam nos Arquivos Públicos podem adotar como princípios da promoção do acesso à informação cinco estratégias:

- avaliar o grau de acessibilidade de seus sítios;
- adotar a AD nos conteúdos audiovisuais;
- disponibilizar o ícone do tradutor de Língua Portuguesa para Libras no site institucional do Arquivo Público;
- aplicar o Instrumento de Autovaliação de Acessibilidade;
- promover oficinas de acessibilidade atitudinal.

### 4.5.1 Ferramentas de avaliação da acessibilidade de sítios

Existem muitas ferramentas que promovem a avaliação de graus de acessibilidade de sítios, esta obra sugere o Simulador de Acessibilidade em Sítios (ASES)[66], por ser uma proposta brasileira, desenvolvida em software de domínio público em 2008 e permite avaliar, simular e corrigir a acessibilidade pela URL de páginas, sítios e portais. Oferece também validação pelo upload de arquivo e pelo código fonte.

A página, ao ser avaliada, recebe uma nota em uma cor (vermelho, laranja, amarelo e/ou verde) correspondente como sinal de alerta da urgência de providências de requisitos de acessibilidade, complementada por um resumo que aponta os erros e as recomendações para soluções do eMAG.

Outra sugestão de ferramenta que sugerimos é o ArchiveReady[67], de autoria de Vangelis Bano, engenheiro de sistemas de informação e comunicação com PhD em Informática pela Universidade Aristósteles, na Grécia, que a desenvolveu de 2012 a 2017. Esssa ferramenta avalia de forma on-line se um sítio está arquivando corretamente os arquivos da web e analisa conjuntamente os seguintes aspectos: acessibilidade, coesão, metadados e se está em conformidade com as normas.

### 4.5.2 Audiodescrição em conteúdos audiovisuais e em mídias sociais

A AD é um recurso que traduz imagens em palavras, permitindo que pessoas cegas ou com baixa visão consigam compreender conteúdos

---

[66] Disponível em: https://asesweb.governoeletronico.gov.br/. Acesso em: 21 set. 2024.

[67] Disponível em: http://archiveready.com/. Acesso em: 21 set. 2024.

audiovisuais ou imagens estáticas, como filmes, fotografias, gráficos, ilustração, entre outros. Trata-se de um recurso direcionado ao público com deficiência visual, pessoas com deficiência intelectual, dislexia e idosos.

Para navegar, essas pessoas fazem uso de software de leitura de tela que reconhecem os textos exibidos no monitor dos dispositivos e vocalizam o seu conteúdo à medida que a navegação avança, porém não reconhecem arquivos em formatos de imagem, como JPEG e PNG, se estas não estiverem descritas.

No Microsoft Powerpoint e nas imagens incorporadas nos textos escritos no Microsoft Word, ao passar com o mouse na imagem, aparecerá a opção "Formatar Imagem" e o campo de "Descrição". O importante é descrever a imagem de forma clara, concisa, sem julgamentos e opiniões. Na ISAD(G), temos o campo "âmbito e conteúdo", que é uma ótima referência. A mesma lógica é adotada nas redes sociais Facebook, Instagram, LinkedIn e Twitter (atual X).

### 4.5.3 Tradutor de Língua Portuguesa para Libras

Existem no mercado muitas ferramentas de tradução automática dos conteúdos web para Libras, mas a maioria é um serviço pago por meio de uma assinatura mensal e por página do portal. Para as instituições públicas recomenda-se a suíte VLibras[68], conjunto de ferramentas gratuito e de código aberto que traduz conteúdos digitais (texto, audio e vídeo) em Português para Libras, tornando computadores, celulares e plataformas web mais acessíveis para as pessoas surdas sinalizantes.

### 4.5.4 Instrumento de Autoavaliação de Acessibilidade

A Rede de Acessibilidade elaborou a cartilha Como Construir um Ambiente Acessível nas Organizações Públicas[69], dividida em capítulos por cada dimensão da acessibilidade (Gestão, Arquitetônica e Urbanística, Comunicacional, Serviços e Tecnológica) com o objetivo de orientar o planejamento de ações para adequação das organizações públicas aos requisitos de acessibilidade. Soma-se a isso o Instrumento de Avaliação de Acessibilidade, que oferece ao gestor um mapa de auferir e determinar

---

[68] Disponível em: https://www.gov.br/governodigital/pt-br/vlibras/. Acesso em: 2 set. 2024.

[69] Disponível em: https://www12.senado.leg.br/institucional/responsabilidade-social/acessibilidade/materiais-informativos/como-construir-um-ambiente-acessivel-nas-organizacoes-publicas. Acesso em: 22 set. 2024.

qual das dimensões da acessibilidade determinará como atividades de um planejamento anual ou semestral, assim como qual nível de acessibilidade pretende alcançar.

### 4.5.5 Oficinas de Acessibilidade Atitudinal

As oficinas que retratam a vivência do dia a dia das pessoas com deficiência são uma das estratégia que o gestor poderá aplicar às equipes que atuam no atendimento ao público. Existem várias possibilidades para estruturar esse diálogo, mencionaremos duas:

- o condutor e o conduzido, um está na cadeira de rodas e outro empurra de um ponto ao outro, e depois trocam de posição;
- lanche comunitário, em pares, um fará o papel de cego e outro atuará como uma pessoa muda, um tem que alimentar o outro e vice-versa.

Como complementação a esse tópico, a apostila desenvolvida pela Câmara dos Deputados[70] faz uma interlocução sobre acessibilidade envolvendo os tópicos como Inclusão, Educação e Trabalho. Ademais, apresenta cinco vídeos de como lidar com cada tipo de deficiência, e os protagonistas são servidores e prestadores de serviço que atuam na instituição.

Outros órgãos também desenvolveram vídeos que abordam essa temática, a série #InclusãoJá do Ministério Público do Trabalho, e as aulas virtuais em Acessibilidade no sítio da Escola Nacional de Administração Pública (ENAP), são algumas das recomendações apresentadas nesta obra.

O mercado tem exigido profissionais da Arquivologia que sejam sensíveis às mudanças e com conhecimento abrangente e transversal, o olhar no outro perpassa pelas vivências em acessibilidade atitudinal.

Ao adotar-se a acessibilidade como uma forma de possibilitar o acesso à informação, significa facilitar a aproximação das pessoas à informação. Ao associar a Arquivologia à acessibilidade, possibilitamos a inclusão e a autonomia das pessoas com deficiência na sociedade.

---

[70] Disponível em: https://evc.camara.leg.br/flux/inclusao_educacao_e_trabalho/. Acesso em: 2 set. 2024.

# 5

# CONSIDERAÇÕES FINAIS

Ao longo desta obra, buscamos apresentar que o princípio da acessibilidade é a universalidade, isto é, o acesso tem que ser garantido e proporcionado — oferecendo-se os meios legais, conhecimento científico e tecnológico — para qualquer pessoa com deficiência, de modo que ela possa exercer os seus direitos, conforme versa a Constituição Federal de 1988.

Os autores referenciados aqui concordam que o direito de acesso à informação situa-se no âmbito dos direitos civis, políticos e sociais que, ao associarmos às práticas de atendimento ao usuário a acessibilidade, possibilitamos a inclusão e a autonomia das pessoas com deficiência na sociedade.

Para tentar responder à pergunta-chave que levou ao desenvolvimento da pesquisa que gerou este livro — Se um modelo de portal institucional fundamentado nos requisitos de acessibilidade, poderia ser uma forma de garantir o exercício do direito de acesso às informações a essas pessoas? —, vários fatores impactaram a busca dos resultados.

Algumas vezes esses foram transpassados por adversidades como as encaradas pela pesquisadora, que por ser surda adotou a comunicação escrita como forma de interação em um mundo supostamente globalizado. A ausência de resposta de algumas instituições, principalmente as sediadas nas regiões Norte e Nordeste, deixou algumas lacunas no estudo.

O silêncio por parte de alguns gestores indica, na segunda década do século XXI, seu desconhecimento sobre a aplicação básica da legislação de inclusão das pessoas com deficiência de modo a favorecer o acesso às informações dos seus acervos arquivísticos, assim como aponta um aparente desinteresse em colaborar para com os estudos acadêmicos.

A diretiva equivocada provocada pelo momento eleitoral mais controverso da história brasileira, as eleições presidenciais de 2022, pode ter contribuído para essa falta de respostas. Entretanto, não se justifica, ao contrário, redunda em omissão grave, pois é direito público, consolidado na Constituição Cidadã (Brasil, 1988), o acesso pleno às informações e dever do Estado fornecê-las.

Apercebe-se que houve um avanço no uso das tecnologias como meio de aproximação com os usuários, haja vista que um terço das instituições mapeadas aqui tem perfil nas redes sociais. No entanto, mesmo já considerado pela academia que o correio eletrônico é um documento nato-digital de comunicação oficial das instituições públicas, ou seja, registram uma cumplicidade entre a entidade e os usuários. Surpreendentemente, o correio eletrônico continua não fazendo parte do dia a dia dos gestores. Então, por que disponibilizar e-mails de contato nas páginas institucionais e nas redes sociais se não é dado o retorno?

Os dados demonstraram que, no Brasil, os cadastros oficiais das instituições arquivísticas estão aquém de uma uniformização e contrastam, inclusive, com aqueles que possuem página institucional. Depreende-se que os maiores entraves para o pleno acesso às informações seja talvez na inexistência da prática de atualização de dados, sobretudo de cada instituição estadual ou municipal que muitas vezes não respondem ao levantamento anual empreendido pelo Arquivo Nacional e Conselho Nacional de Arquivos.

Interessante observar que 73,3% do acervo digitalizado e/ou parcela do acervo de todos arquivos públicos mapeados estão disponíveis para consulta on-line, porém somente 56,7% adotaram os preceitos da ISAD(G). Esse é um ponto que segue em aberto nesta obra e que merece ser mapeado por outros pesquisadores, porque talvez seja indicativo de que a digitalização esteja ocorrendo independentemente do acervo estar organizado.

Curiosamente, o único arquivo público brasileiro que adotou a acessibilidade comunicacional no acervo disponível em ambiente web optou em ficar no anonimato: trata-se do Projeto Retalhos de Memória de Santa Maria: Difusão e Acessibilidade (Rio Grande do Sul)[71], fruto de atuação individual de uma arquivista, que merece um destaque maior. Como não se tem ainda, em âmbito mundial, uma metodologia que amplie a promoção de acesso à informação, iniciativas como essa podem vir a ser um modelo de referência internacional.

Entendemos que é de fundamental importância que os profissionais de informação não se omitam perante essa realidade, pois eles precisarão atuar como mediadores entre as informações existentes nas instituições

---

[71] Disponível: https://www.ufsm.br/orgaos-suplementares/dag/projeto-retalhos-de-memoria-de-santa--maria/ Acesso em: 2 set. 2024.

públicas e os cidadãos com deficiência. Entretanto, a pesquisa apontou que os agentes públicos precisam ser preparados, tanto cultural quanto administrativamente, para que possam realizar os procedimentos de acordo com as exigências legais e exercer o papel essencial de garantir o acesso pleno às informações a todos cidadãos, sejam eles pessoas com ou sem deficiência.

Pequenas ações no escopo de acesso à informação como a adoção de AD para todas as imagens — sejam elas fixas ou em movimento —; a oferta de legendas e também das transcrições da áudio; a adoção como regra geral de linguagem simples em todo material de comunicação, por exemplo, os sítios e as páginas institucionais dos arquivos públicos; e a incorporação dos requisitos de W3C nos sistemas de gerenciamento de documentos arquivísticos digitais, já farão enorme diferença para o considerável contigente da população com deficiência.

Considera-se, pois, que a "[...] acessibilidade aos meios físico, social, econômico e cultural, à saúde, à educação e a informação e comunicação" (Convenção, 1975, p. 13) é, de fato, um direito humano, uma vez que possibilita a participação efetiva de todas as pessoas nas atividades societárias, garantindo o gozo de liberdades fundamentais, a partir da inclusão social. Para garantia dessa comunicação, é preciso lembrar que é imprescindível de organização adequada.

Verifica-se a necessidade de se conceber uma proposta metodológica de um curso de capacitação e/ou especialização em acessibilidade[72], com vistas à capacitação de profissionais do setor público para atuação na área em questão, visto que a maioria dos órgãos da Administração Pública, especialmente, após a Lei de Acesso à Informação (Lei 12.527, de 2011), tem como obrigação fornecer informações voltadas para suprir as necessidades informacionais dos cidadãos. Premente também é a preparação dos profissionais da informação especificamente voltada à informação digital e à arquitetura da informação para torná-la acessível.

Espera-se que esta obra, ao reunir aspectos relevantes da acessibilidade de materiais digitais, possa trazê-los como subsídios para o pla-

---

[72] Em 2022, encontrava-se em trâmite junto ao Ministério da Educação, a pedido da Rede de Acessibilidade, a homologação da proposta pedagógica de Curso de Pós-Graduação Lato Sensu em Governança e Gestão de Acessibilidade, atividade elaborada no escopo do grupo de pesquisa e extensão da Câmara dos Deputados em parceria com o Departamento de Ciência da Informação da Universidade Federal de Pernambuco. Disponível em: https://www2.camara.leg.br/a-camara/programas-institucionais/cursos/pos-graduacao/pesquisa-academica/grupos-de-pesquisa-e-extensao gpes/copy_of_Projeto_GPE_2.16_Pgina.pdf. Acesso em: 2 set. 2024.

nejamento de websites institucionais acessíveis. De tal modo, espera-se que, ao aplicar as ferramentas de descrição arquivística em conjunto com as normativas de acessibilidade, possa ser disponibilizado o acesso universal para contemplar as pessoas com deficiência.

## 5.1 RECOMENDAÇÕES: NOVOS HORIZONTES PARA NOVOS ESTUDOS

Nas recomendações indicamos algumas questões que poderão vir a ser desdobradas em novos e interessantes horizontes por outros pesquisadores:

- Mapear o grau de interação e o tempo de resposta das instituições que têm perfis sociais e dos e-mails de contato institucional.

- Analisar que aspectos justificam a omissão de algumas instituições públicas arquivísticas nas pesquisas acadêmicas.

- Ampliar a pesquisa com a inserção de sítios de instituições públicas que atendem às necessidades dos cidadãos, como o Instituto Nacional do Seguro Social (INSS), Receita Federal, Departamento Estadual de Trânsito (Detran), Ministério do Trabalho, Banco do Brasil (BB), Caixa Econômica Federal (CEF) entre outros.

- Aplicar a pesquisa em arquivos públicos municipais e instituições detentoras de acervos arquivísticos como bibliotecas, museus e centros de memória.

- Verificar o grau de acessibilidade e de uso de linguagem simples nos Apps Gov.

- Mapear a inserção das pessoas com deficiência que atuam nas instituições públicas arquivísticas.

- Mapear as dificuldades enfrentadas pelos pesquisadores no exercício pleno de seu direito de acesso às informações governamentais.

# REFERÊNCIAS

ACESSIBILIDADE. Resource: The Council for Museums, Ar-chives and Libraries. Trad. Maurício Santos; Patrícia Souza. São Paulo: USP; Fundação Vitae, 2005. Disponível em: https://sisem.files.wordpress.com/2011/04/acessibilidade.pdf. Acesso em: 9 nov. 2022.

ALEXY, R. Teoria dos direitos fundamentais. São Paulo: Malheiros, 2012.

ALMEIDA, V. A capacidade civil das pessoas com deficiência e os perfis da curatela. Belo Horizonte, MG: Fórum, 2019.

ANDRADE, R. S. Aspectos introdutórios da representação de informação arquivística: a norma brasileira de descrição arquivística (Nobrade), a descrição arquivística codificada (EAD-DTD) e o Projeto Archives Hub. Revista Ponto de Acesso, Salvador, v. 1, n. 2, p. 70-100, jul./dez. 2007. Disponível em: https://periodicos. ufba.br/index.php/revistaici/article/view/1589. Acesso em: 15 dez. 2021.

ARAÚJO, C. A. A. Arquivologia, biblioteconomia, museologia e ciência da informação: o diálogo possível. Brasília, DF: Briquet de Lemos, 2014.

ARAÚJO, T. M. U. Uma solução para geração automática de trilhas em Língua Brasileira de Sinais em conteúdos multimídia. 2012. 203 f. Tese (Doutorado em Engenharia Elétrica e Computação) – Universidade Federal do Rio Grande do Norte, Natal (RN), 2012.

ARCHIVES NATIONALES. Accessibility. Ministère de la Culure, France, [20--?]. Disponível em: https://www.archives-nationales.culture.gouv.fr/web/guest/accessibilite. Acesso em: 10 nov. 2020.

ARQUIVO NACIONAL. Dicionário brasileiro de terminologia arquivística. Rio de Janeiro: Arquivo Nacional, 2005.

ASSOCIAÇÃO DOS ARQUIVISTAS BRASILEIROS. Dicionário brasileiro de terminologia arquivística. São Paulo: CENADEM, 1990.

AYDOS, V. "Não é só cumprir as cotas": uma etnografia sobre cidadania, políticas públicas e autismo no mercado do trabalho. 2017. 257 f. Tese (Doutorado em Antropologia Social) – Instituto de Filosofia e Ciências Humanas, Universidade Federal do Rio Grande do Sul, Porto Alegre, 2017.

BANCO MUNDIAL. Dividendos Digitais - visão geral. Relatório sobre o Desenvolvimento Mundial, Genebra, 2016. Disponível em: https://documents.worldbank.org/pt/publication/documents-reports/documentdetail/788831468179643665/relat%c3%b3rio-sobre-o-desenvolvimento-mundial-de-2016-dividendos-digitais-vis%c3%a3o-geral. Acesso em: 9 nov. 2022.

BANDEIRA, A. A. A Lei de Arquivos do Brasil e o direito à informação. 2007. 142 f. Dissertação (Mestrado em Ciência da Informação) – Instituto de Ciência da Informação, Universidade Federal da Bahia, Salvador, 2007.

BASTOS, K. V. S. Os desafios encontrados no acesso à informação digital por pessoas com deficiência visual. 2017. 174 f. Dissertação (Mestrado em Ciência da Informação) – Faculdade de Ciência da Informação, Universidade de Brasília, Brasília (DF), 2017.

BARBOZA, H. H.; ALMEIDA, V. O direito da pessoa com deficiência à informação em tempos de pandemia da Covid-19: uma questão de acessibilidade e inclusão. Liinc em Revista, [S. l.], v. 16, n. 2, p. e5452, 2020. DOI: 10.18617/liinc.v16i2.5452. Disponível em: https://revista.ibict.br/liinc/article/view/5452/5114. Acesso em: 9 nov. 2022.

BARROS, T. H. B. Uma trajetória da Arquivística a partir da análise do discurso: inflexões histórico-conceituais. São Paulo: Cultura Acadêmica, 2015.

BELLOTTO, H. L. Arquivos Permanentes: tratamento documental. 2. ed. Rio de Janeiro: FGV, 2004.

BERNERS-LEE, T. Information Management: A Proposal. CDS, 1989. Disponível em: https://cdsweb.cern.ch/record/1405411/files/ARCH-WWW-4-010.pdf. Acesso em: 12 jan. 2019.

BERSCH, R. Introdução à tecnologia assistiva. Porto Alegre, RS: Assistiva, 2017. Disponível em: https://www.assistiva.com.br/Introducao_Tecnologia_Assistiva.pdf. Acesso em: 10 jan. 2021.

BEVILACQUA; M. C.; MORET, A. L. M. Deficiência Auditiva: conversando com familiares e profissionais de saúde. São José dos Campos, SP: Pulso Editorial, 2005.

BEZERRA, E. S.; SILVA, J. T.; BANDEIRA, P. M. O Ica-AtoM como ferramenta para descrição de documentos arquivísticos da Universidade Federal da Paraíba. Revista Conhecimento em Ação, Rio de Janeiro. v. 5, n. 2, jul./dez. 2020. Disponível em: https://revistas.ufrj.br/index.php/rca/article/view/36059/21686. Acesso em: 10 maio 2021.

BINENBOJM, G. Liberdade igual: o que é e porque importa. Rio de Janeiro: História Real, 2020.

BLAIS, G. Access to Archival Records: a review of current issues. A RAMP Study. Paris, France: Unesco, 1995.

BOBBIO, N. A Era dos Direitos. 9. ed. Rio de Janeiro: Elsevier, 2004.

BONFIM, S. M. M. A luta por reconhecimento das pessoas com deficiência: aspectos teóricos, históricos e legislativos. Rio de Janeiro, 2009. 214 f. Dissertação (Mestrado em Ciência Política) – Instituto Universitário de Pesquisas do Rio de Janeiro e Centro de Formação, Treinamento e Aperfeiçoamento da Câmara dos Deputados, Rio de Janeiro; Brasília (DF), 2009.

BORKO, H. Information science: what is it? American Documentation, Leesburg (United States), v. 19, n. 1, p. 3-5, 1968. Disponível em: https://www.marilia.unesp.br/Home/Instituicao/Docentes/EdbertoFerneda/mri-01---information--science---what-is-it.pdf. Acesso em: 2 set. 2024.

BOURDIEU, P. O poder simbólico. Rio de Janeiro: Bertrand Brasil, 1989.

BRAMAN, S. Information, policy, and power in the informational state. In: BRAMAN, S. Change of state: Information, policy, and power. Cambridge, MA: MIT Press, 2006. p. 313-328.

BRAMAN, S. The emergent global information regime. Houndsmills, UK: Palgrave Macmillan, 2004.

BRAMAN, S. Where has media policy gone? Defining the field in the twenty--first century. Comm. Law and Pol., London, v. 9, n. 2, p. 153-182, 2004. DOI: 10.1207/s15326926clp0902_1. Disponível em: https://www.tandfonline.com/doi/abs/10.1207/s15326926clp0902_1. Acesso em: 9 nov. 2022.

BRASIL. Constituição da República Federativa do Brasil, de 8 de outubro de 1988. Brasília, DF: Câmara dos Deputados, 1988. Disponível em: https://www2.camara.leg.br/legin/fed/consti/1988/constituicao-1988-5-outubro-1988-322142-publicacaooriginal-1-pl.html. Acesso em: 15 out. 2021.

BRASIL. Projeto de Lei do Senado nº 6, de 2003. Institui o Estatuto do Portador de Deficiência e dá outras providências. Brasília, DF: Congresso Nacional, 2003. Disponível em: https://www25.senado.leg.br/web/atividade/materias/-/materia/54729. Acesso em: 12 jun. 2018.

BRASIL. Projeto de Lei nº 7.699, de 2006. Institui o Estatuto do Portador de Deficiência e dá outras providências. Brasília, DF: Congresso Nacional, 2006. Disponível em: http://www.camara.gov.br/proposicoesWeb/fichadetramitacao?idProposicao=339407 Acesso em: 12 jun. 2018.

BRASIL. Decreto Legislativo nº 186, de 9 de julho de 2008. Aprova o texto da Convenção sobre os Direitos das Pessoas com Deficiência e de seu Protocolo Facultativo, assinados em Nova Iorque, em 30 de março de 2007. Brasília, DF: Congresso Nacional, 2007. Disponível em: http://www.planalto.gov.br/ccivil_03/congresso/dlg/dlg-186-2008.htm. Acesso em: 2 out. 2021.

BRASIL. Instituto Brasileiro de Geografia e Estatística - IBGE. Censo Demográfico 2010. Características gerais da população, religião e pessoas com deficiência. Rio de Janeiro: IBGE, 2010. Disponível em: https://biblioteca.ibge.gov.br/visualizacao/periodicos/94/cd_2010_religiao_deficiencia.pdf. Acesso em: 10 dez. 2020.

BRASIL. Instituto Brasileiro de Geografia e Estatística - IBGE. Pesquisa Nacional de Saúde: 2019. Rio de Janeiro: IBGE, 2019. Disponível em: https://agenciadenoticias.ibge.gov.br/agencia-noticias/2012-agencia-de-noticias/noticias/31447-um-em-cada-quatro-idosos-tinha-algum-tipo-de-deficiencia-em-2019. Acesso em: 12 abr. 2022.

BRASIL. Instituto Brasileiro de Geografia e Estatística - IBGE. Perfil dos municípios brasileiros: 2019. Rio de Janeiro: IBGE, 2020. Disponível em: https://biblioteca.ibge.gov.br/visualizacao/livros/liv101770.pdf. Acesso em: 15 abr. 2020.

BRASIL. Ministério da Educação. Programa Incluir. Documento Orientador do Programa Incluir: Acessibilidade na Educação Superior. Brasília, DF: MEC, 2013. Disponível em: http://portal.mec.gov.br/index.php?option=com_docman&view=download&alias=13292-doc-ori-progincl&category_slug=junho-2013-pdf&Itemid=30192. Acesso em: 18 abr. 2021.

BRASIL. Ministério da Gestão e da Inovação em Serviços Públicos. Governo Digital. Estratégia de Governança Digital. Linha do Tempo do Governo Eletrônico ao Governo Digital. https://www.gov.br/governodigital/pt-br/estrategia-de-governanca-digital/do-eletronico-ao-digital. Acesso em: 1 set. 2020.

BRASIL. Presidência da República. Lei nº 10.098, de 19 de dezembro de 2000. Estabelece normas gerais e critérios básicos para a promoção da acessibilidade das pessoas portadoras de deficiência ou com mobilidade reduzida, e dá outras providências. Brasília, DF, 2000. Disponível em: http://www.planalto.gov.br/ccivil_03/leis/l10098.htm. Acesso em: 1 out. 2021.

BRASIL. Presidência da República. Decreto nº 5.296, de 2 de dezembro de 2004. Regulamenta as Leis nos 10.048, de 8 de novembro de 2000, que dá prioridade de atendimento às pessoas que especifica; e 10.098, de 19 de dezembro de 2000, que estabelece normas gerais e critérios básicos para a promoção da acessibilidade das pessoas portadoras de deficiência ou com mobilidade reduzida, e dá outras providências. Brasília, DF, 2004. Disponível em: http://www.planalto.gov.br/ccivil_03/_ato2004-2006/2004/decreto/d5296.htm. Acesso em: 1 out. 2021.

BRASIL. Presidência da República. Decreto Legislativo nº 186, de 2008. Aprova o texto da Convenção sobre os Direitos das Pessoas com Deficiência e de seu Protocolo Facultativo, assinados em Nova Iorque, em 30 de março de 2007. Brasília, DF, 2008. Disponível em: http://www.planalto.gov.br/ccivil_03/congresso/dlg/dlg-186-2008.htm. Acesso em: 1 out. 2021.

BRASIL. Presidência da República. Lei nº 8.112, de 11 de dezembro de 1990. Dispõe sobre o regime jurídico dos servidores públicos civis da União, das autarquias e das fundações públicas federais. Brasília, DF, 1990. Disponível em: http://www.planalto.gov.br/ccivil_03/leis/l8112compilado.htm. Acesso em: 12 maio 2021.

BRASIL. Presidência da República. Emenda Constitucional nº 40, de dezembro de 2004. Brasília, DF, 2004. Disponível em: http://www.planalto.gov.br/ccivil_03/constituicao/emendas/emc/emc45.htm. Acesso em: 2 out. 2021.

BRASIL, Presidência da República. Decreto nº 6.949, de 25 de agosto de 2009. Brasília, DF, 2009. Disponível em: http://www.planalto.gov.br/ccivil_03/_ato2007-2010/2009/decreto/d6949.htm. Acesso em: 2 out. 2021.

BRASIL, Presidência da República. Lei nº 12.527, de 18 de novembro de 2011. Regula o acesso a informações, previsto no inciso XXXIII do art. 5º, no inciso II do § 3º do art. 37 e no § 2º do art. 216 da Constituição Federal; altera a Lei nº 8.112, de 11 de dezembro de 1990; revoga a Lei nº 11.111, de 5 de maio de 2005, e dispositivos da Lei nº 8.159, de 8 de janeiro de 1991; e dá outras. Brasília, DF, 2011. [LAI]. Disponível em: http://www.planalto.gov.br/ccivil_03/_ato2011-2014/2011/lei/l12527.htm. Acesso em: 1 out. 2021.

BRASIL, Presidência da República. Decreto nº 7.724, de 16 de maio de 2012. Regulamenta a Lei nº 12.527, de 18 de novembro de 2011, que dispõe sobre o acesso a informações, previsto no inciso XXXIII do caput do art. 5º, no inciso II do § 3º do art. 37 e no § 2º do art. 216 da Constituição. Brasília, DF, 2012. Disponível em: http://www.planalto.gov.br/ccivil_03/_ato2011-2014/2012/decreto/d7724.htm. Acesso em: 1 out. 2021.

BRASIL, Presidência da República. Lei nº 13.146, de 6 de julho de 2015. Institui a Lei Brasileira de Inclusão da Pessoa com Deficiência (Estatuto da Pessoa com Deficiência). Brasília, DF, 2015. [LBI]. Disponível em: http://www.planalto.gov.br/ccivil_03/_ato2015-2018/2015/lei/l13146.htm. Acesso em: 1 out. 2021.

BRASIL, Presidência da República. Lei nº 14.128, de 26 de março de 2021. Dispõe sobre compensação financeira a ser paga pela União aos profissionais e trabalhadores de saúde que, durante o período de emergência de saúde pública de importância nacional decorrente da disseminação do novo coronavírus (SARS-CoV-2), por terem trabalhado no atendimento direto a pacientes acometidos pela Covid-19, ou realizado visitas domiciliares em determinado período de tempo, no caso de agentes comunitários de saúde ou de combate a endemias, tornarem-se permanentemente incapacitados para o trabalho, ou ao seu cônjuge ou companheiro, aos seus dependentes e aos seus herdeiros necessários, em caso de óbito; e altera a Lei nº 605, de 5 de janeiro de 1949. Brasília, DF, 2021. Disponível em: https://www.planalto.gov.br/ccivil_03/_ato2019-2022/2021/lei/l14128.htm. Acesso em: 1 out. 2021.

BRASIL, Senado Federal. Constituição da República Federativa do Brasil: texto constitucional promulgado em 5 de outubro de 1988. Brasília, DF: Senado Federal, Coordenação de Edições Técnicas, 1988.

BROOKES, B. C. The foundations of information Science: Part I philosophical aspects. Journal of Information Science, London (England and United Kingdon), v. 2, ed. 3-4, p. 125-133, 1980. Disponível em: https://www.academia.edu/728861/The_foundations_of_information_science. Acesso em: 9 nov. 2022.

BUSH, V. As we may think. Atlantic Magazine, New York (United States), 1945. Disponível em: http://www.theatlantic.com/magazine/archive/1945/07/as-we-may-think/303881. Acesso em: 12 jul. 2018.

CANAVAGGIO, P. Vers un droit d'accès à l'information publique: les avancées récentes des normes et des pratiques. Rabat, Marrocos: Unesco, 2014.

CAPURRO, R.; HJØRLAND, B. O conceito de informação. Perspectivas em Ciência da Informação, Belo Horizonte, v. 12, n. 1, p. 148-207, 2007. Disponível em: https://www.scielo.br/j/pci/a/j7936SHkZJkpHGH5ZNYQXnC/?format=pdf. Acesso em: 9 nov. 2022.

CARR, D. The promise of cultural institutions. Nashville (United States): American Association for State and Local History, 2003.

CARVALHO, J. M. Cidadania no Brasil: o longo caminho. 7. ed. Rio de Janeiro: Civilização Brasileira, 2005.

CARVALHO, J. O. F. Referenciais para projetistas e usuários de interfaces de computadores destinadas aos deficientes visuais. 1994. 171 f. Dissertação (Mestrado em engenharia Elétrica) – Faculdade de Engenharia Elétrica, Universidade Estadual de Campinas, Campinas (SP), 1994.

CASTELLS, M. O poder da identidade. São Paulo: Paz e Terra, 2000.

CASTELLS, M. Redes de indignação e esperança: movimentos sociais na era da Internet. Rio de Janeiro: Zahar, 2013.

CHAVES, M. A. O papel da difusão para o fortalecimento da identidade de arquivo. Revista do Arquivo, São Paulo, n. 10, p. 77-92, 2020. Disponível em: http://www.arquivoestado.sp.gov.br/revista_do_arquivo/10/pdf/artigo_chaves.pdf. Acesso em: 16 nov. 2020.

COMITÊ GESTOR DA INTERNET NO BRASIL. Cartilha acessibilidade na Web [livro eletrônico]: fascículo 1 - Introdução. São Paulo: W3C Brasil; Ministério Público do Estado de São Paulo, São Paulo, 2013. Disponível em: https://ceweb.br/media/docs/publicacoes/1/cartilha-w3cbr-acessibilidade-web-fasciculo-I.pdf. Acesso em: 9 nov. 2022.

COMITÊ GESTOR DA INTERNET NO BRASIL. Cartilha acessibilidade na Web [livro eletrônico]: fascículo 2 - benefícios, legislação e diretrizes da acessibilidade na Web. São Paulo: W3C Brasil; Ministério Público do Estado de São Paulo, São Paulo, 2015. Disponível em: https://cgi.br/publicacao/cartilha-de-acessibilidade-na-web-fasciculo-ii/. Acesso em: 9 nov. 2022.

COOK, M. Freedom of Information: influence upon professional practice in recordkeeping. Acesso - Revista do Arquivo Nacional, Rio de Janeiro, v. 24, n. 1, p. 99-109, jan./jun. 2011. Disponível em: https://revista.arquivonacional.gov.br/index.php/revistaacervo/%20article/view/365. Acesso em: 9 nov. 2022.

COSTA, C. Intimidade versus Interesse Público: a problemática dos arquivos. Estudos Históricos, Rio de Janeiro, v.11, n. 21, p. 189-199, 1998.

COSTA, C. Acesso à informação nos arquivos públicos brasileiros: retomando a questão. Cenário Arquivístico, Brasília (DF), v. 2, n. 2, p. 19-25, jul./dez. 2003.

COSTA, C. A legislação brasileira de acesso aos documentos. In: CONGRESSO NACIONAL DE ARQUIVOLOGIA, I., 2004, Brasília. Anais... Brasília, DF: ABARQ, 2004. 1 CD-ROM.

COSTA, C. Memória proibida. Nossa História. Rio de Janeiro, ano 2, n. 16, p. 70-75, fev./2005.

COSTA, M. M. Diretrizes para uma política de gestão de dados científicos no Brasil. 2017. 288 f. Tese (Doutorado em Ciência da Informação) – Faculdade de Ciência da Informação, Universidade de Brasília, Brasília (DF), 2017.

COUTURE, C.; MARTINEAU, J.; DUCHARME, D. A formação e a pesquisa em arquivística no mundo contemporâneo. Trad. Luís Carlos Lopes. Brasília, DF: Finatec, 1999.

CRUZ, F. L. A. A necessidade de informação dos projetistas de interfaces de sistemas interativos na web, com foco em usabilidade. 2008. 101 f. Dissertação (Mestrado em Ciência da Informação e Documentação) – Departamento de Ciência da Informação e Documentação, Universidade de Brasília, Brasília (DF), 2008.

CRUZ-RIASCOS; S. A.; HOTT, D. F. M.; REZENDE, L. V. R. Análise relacional entre princípios FAIR de gestão de dados de pesquisa e normativas internacionais de acessibilidade às pessoas com deficiência. Cadernos BAD, Lisboa (Portugal), n. 1, p. 15-29, 2018. Disponível em: https://brapci.inf.br/index.php/res/download/110161. Acesso em: 9 nov. 2022.

CUNHA, M. B.; CAVALCANTI, C. R. O. Dicionário de Biblioteconomia e Arquivologia. Brasília, DF: Briquet de Lemos, 2008.

DA MATTA, R. Sumário Executivo: pesquisa diagnóstico sobre valores, conhecimento e cultura de acesso à informação pública no Poder Executivo Federal brasileiro. Brasília, DF: Controladoria Geral da União, 2011. Disponível em: https://repositorio.cgu.gov.br/handle/1/46417. Acesso em: 2 out. 2021.

DARVISHI, A.; MANNING, J. Accessible Digital Documentary Heritage: guidelines for the preparation of documentary heritage in accessible formats for persons with disabilities. Paris, France: UNESCO, 2020.

DEFICIÊNCIA, Novos Comentários à Convenção sobre os Direitos das Pessoas com. Brasília, DF: Secretaria de Direitos Humanos da Presidência da República, 2014. Disponível em: http://www.ampid.org.br/v1/wp-content/uploads/2014/08/convencao-sdpcd-novos-comentarios.pdf. Acesso em: 2 out. 2021.

DELMAS, B. Arquivos para quê? Textos escolhidos. São Paulo: Instituto Fernando Henrique Cardoso, 2010.

DI GIOVANNI, G.; NOGUEIRA, M. A. Dicionário de Políticas Públicas. 2. ed. São Paulo: UNESP, 2015.

DINIZ, D.; BARBOSA, L.; SANTOS, W. R. Deficiência, direitos humanos e justiça. SUR - Revista Internacional de Direitos Humanos, São Paulo, v. 6, n. 11, p. 65-77, 2009. Disponível em: https://www.scielo.br/j/sur/a/fPMZfn9hbJYM7SzN9bw-zysb/?format=pdf&lang=pt. Acesso em: 9 nov. 2022.

DUCHEIN, M. Los obstáculos que se oponen al acceso, a la utilización y a la transferencia de la información conservada en los archivos: un estudio del RAMP. Paris, France: Unesco, 1983.

EASTWOOD, T.; MacNEIL, H. Correntes atuais do pensamento arquivístico. Trad. Anderson Bastos Martins. Revisão Técnica Heloísa Liberalli Bellotto. Belo Horizonte, MG: UFMG, 2016.

ECO, U. Como se faz uma tese. 10. ed. São Paulo: Perspectiva, 1993.

FERRAZ, R. Acessibilidade na web: boas práticas para construir sites e aplicações acessíveis. São Paulo: Casa do Código, 2020.

FERREIRA JUNIOR, N. A. A Comissão de Legislação Participativa da Câmara dos Deputados: considerações teóricas. In: MIRANDA, R. C. R.; SOUZA, J. R. C. (org.). O processo legislativo, o orçamento público e a Casa Legislativa. Brasília, DF: Câmara dos Deputados; Edições Câmara, 2013. p. 37-61.

FERREIRA, R. S. A sociedade da informação no Brasil: um ensaio sobre os desafios do Estado. Ciência da Informação, Brasília (DF), v. 32, n.1, p. 36-41, 2003. Disponível em: https://revista.ibict.br/ciinf/article/view/1017/1072. Acesso em: 9 nov. 2022.

FERREIRA, G. N.; FERNANDES, M. F. L. Cidadão/Cidadania. In: DI GIOVANNI, G.; NOGUEIRA, M. A. Dicionário de Políticas Públicas. 2. ed. São Paulo: UNESP, 2015. p. 135-140.

FIGUEIRA, E. As pessoas com deficiência na História do Brasil: uma trajetória de silêncios e gritos! 4. ed. Rio de Janeiro: WAK, 2021.

FONSECA, M. O. K. Direito à informação: acesso aos arquivos municipais no Brasil. 1996. 152 f. Dissertação (Mestrado em Ciência da Informação) – Programa de Pós-Graduação em Ciência da Informação, Universidade do Rio de Janeiro, Rio de Janeiro, 1996.

FONSECA, M. O. K. Informação e Direitos Humanos: acesso às informações arquivísticas. Ciência da Informação, Brasília (DF), v. 28, n. 2, p. 146-154, 1999. Disponível em: https://www.scielo.br/j/ci/a/RkKRjb5vv74npSPXyZzP3ZS/?format=pdf&lang=pt. Acesso em: 9 nov. 2022.

FONSECA, M. O. K. Direito à informação e Arquivos Municipais no Brasil. Cadernos de Estudos Municipais, Braga (Portugal), v. 11/12, p. 11-40, 1999.

FONSECA, M. O. K. Arquivologia e Ciência da Informação. Rio de Janeiro: Editora FGV, 2005.

FRASER, N. A Justiça Social na Globalização: redistribuição, reconhecimento e participação. Revista Crítica de Ciências Sociais, Coimbra, Portugal, v. 63, p. 7-20, 2002. Disponível em: https://journals.openedition.org/rccs/1250. Acesso em: 10 maio 2018.

FRAZ, J. N. et al. Tecnologia Assistiva: produtos e serviços disponíveis na Internet. Ponto de Acesso, Salvador (BA), v. 13, n. 3, p. 70-84, 2019. Disponível em: https://periodicos.ufba.br/index.php/revistaici/article/view/35225. Acesso em: 15 jun. 2021.

FREIRE, A. P.; CASTRO, M.; FORTES, R. P. M. Acessibilidade dos sítios web dos governos estaduais brasileiros: uma análise quantitativa entre 1996 e 2007. Revista de Administração Pública, Rio de Janeiro, v. 2, n. 43, p. 395-414, mar. 2009. Disponível em: http://repositorio.ufla.br/jspui/handle/1/12227. Acesso em: 9 nov. 2022.

FREY, K. et al. O acesso à informação. In: SPECK, B. W. (org.). Caminhos da transparência. Campinas, SP: Editora da UNICAMP, 2002. p. 378-410.

FUGUERAS, R. A. Archivos y derechos humanos. Gijón: Trea, 2008.

FUGUERAS, R. A. Los archivos, entre la memoria histórica y la sociedad del conocimiento. Barcelona, España: Editorial UOC, 2003.

GIL, M. A. Instituto Paradigma Pessoas Incluindo Pessoas. Marta Gil: Paradigmas da Interação e da Inclusão são mutuamente excludentes. 2022. Disponível em: https://iparadigma.org.br/marta-gil-paradigmas-da-integracao-e-da-inclusao-sao-mutuamente-excludentes/. Acesso em: 20 fev. 2022.

GILLILAND, A. J.; McKEMMISH, S.; LAW, A. J. Pesquisa no Multiverso Arquivístico. Trad. Ana Cristina Rodrigues. Salvador, BA: 9Bravos, 2019.

GINSBERG, W. The Freedom of Information Act (FOIA): background, legislation, and policy issues. New York: Create Space Independent Publishing Platform, 2014.

GONÇALVES, E. S. Tecnologias da Informação: sua influência no aprimoramento do acesso ao conhecimento. 2012. 73 f. Dissertação (Mestrado em Ciência da Informação) – Instituto Brasileiro de Informação em Ciência e Tecnologia, Universidade Federal do Rio de Janeiro, Rio de Janeiro, 2012.

GONÇALVES, J. R. Acesso à informação das entidades públicas. Coimbra, Portugal: Livraria Almedina, 2002.

GONZALÉZ DE GOMÉZ, M. N. Da política de informação ao papel da informação na política contemporânea. Revista Internacional de Estudos Políticos, Rio de Janeiro, n. 1, p. 67-93, 1999. Disponível em: http://www.referenciasarquivisticas. fci.unb.br:8080/jspui/handle/123456789/618. Acesso em: 10 nov. 2022.

HAGEN, A. M. M. Algumas considerações a partir do processo de padronização da descrição arquivística. Ciência da Informação, Brasília (DF), v. 27, n. 3, 1998. Disponível em: https://revista.ibict.br/ciinf/article/view/783/812. Acesso em: 10 maio 2022.

HARARI, Y. N. Uma breve história da humanidade. 32. ed. Porto Alegre, RS: L&PM, 2018.

HARZING, A. W.; ALAKANGAS, S. Google Scholar, Scopus and the Web of Science: a longitudinal and cross-disciplinary comparison. Scientometrics, Budapest (Hungary), v. 106, n. 2, p. 787-804, 2016. Disponível em: https://doi.org/10.1007/ s11192-015-1798-9. Acesso em: 10 nov. 2022.

HEDLUND, D. C. O patrimônio fotográfico de Santa Maria em ambiente digital. Santa Maria, 2014. 221 f. Dissertação (Mestrado em Patrimônio Cultural) – Universidade Federal de Santa Maria, Santa Maria, 2014.

HEREDIA HERRERA, A. Archivística general: teoría y práctica. Sevilla. Diputación Provincial de Sevilla, 1991.

HOTT, D. F. M. **O acesso aos documentos sigilosos:** um estudo das comissões permanentes de avaliação e de acesso nos arquivos brasileiros. 2005. 409 f. Dissertação (Mestrado em Ciência da Informação) — Universidade de Brasília, Brasília, DF, 2005.

HOTT, D. F. M. A promoção da interação das pessoas com deficiência nos ambientes web. [Material apresentado na disciplina Usabilidade da Informação do Curso de Pós-Graduação em Ciência da Informação da Universidade Federal de Pernambuco (aula síncrona)]. 20 slides. Recife, PE; Brasília, DF, 25 jan. 2021.

HOTT, D. F. M. **Acesso à informação em ambiente web às pessoas com deficiência:** mapeamento e análise das práticas dos arquivos públicos brasileiros. 2022. 174 f. Tese (Doutorado em Ciência da Informação) — Universidade de Brasília, Brasília, DF, 2022.

HOTT, D. F. M.; OLIVEIRA, L. P. A representação da informação na web: um olhar subjetivo para a pessoa com deficiência. In: SANTOS NETO, J. A.; ALMEIDA JUNIOR, O. F; BORTOLIN, S. (org.). Perspectivas em mediação no âmbito da Ciência da Informação. São Paulo: Abecin Editora, 2020. p. 351-373.

HOTT, D. F. M.; REZENDE, L. V. R.; CRUZ-RIASCOS, S. A. A Curadoria de Dados de Pesquisa: da criação à reutilização considerando aspectos de acessibilidade às pessoas com deficiência. Anais... Congresso Internacional em Humanidades Digitais. Rio de Janeiro: CPDOC/FGV, 2018. p. 311-321.

HOTT, D. F. M.; RODRIGUES, G. M. Os direitos de acesso e de acessibilidade dos cidadãos: uma análise preliminar na legislação arquivística brasileira. ArcheionOnline, João Pessoa (PB), v. 7, n. 1, p. 82-103, 2019. Disponível em: https://periodicos.ufpb.br/ojs/index.php/archeion/article/view/47384/29081. Acesso em: 16 jan. 2021.

HOTT, D. F. M.; RODRIGUES, G. M.; OLIVEIRA, L. P. de. Acesso e acessibilidade em ambientes web para pessoas com deficiência: avanços e limites. Brazilian Journal of Information Science: research trends, Marília, v. 12, n. 4, p. 45-52, 2018. Disponível em: https://revistas.marilia.unesp.br/index.php/bjis/article/view/8318. Acesso em: 16 jan. 2021.

IBERARQUIVOS. 1a Edición del Premio Iberarchivo 2019. Los Modelos Conceptuales de Descripción Archivística: un nuevo desafío para la representación, el acceso y uso de la información de los archivos. 2019. Disponível em: https://www.iberarchivos.org/wp-content/uploads/2021/02/Los-modelos-conceptuales-de-descripción-archiv%C3%ADstica.pdf. Acesso em: 30 out. 2020.

INSTITUTO BRASILEIRO DE DEFESA DO CONSUMIDOR - IDEC. Acesso à Internet na Região Norte do Brasil. Instituto Brasileiro de Defesa do Consumidor e Derechos Digitales. Mar. 2022. Disponível em: https://idec.org.br/pesquisas-a-cesso-internet. Acesso em: 10 out. 2022.

INTERNATIONAL COUNCIL ON ARCHIVES-Acess to Memory (ICA-AtoM). RS-1: Introduction. I.2. 2007. Disponível em: https://wiki.ica-atom.org/RS-1. Acesso em: 15 jan. 2021.

INTERNATIONAL COUNCIL ON ARCHIVES (ICA). Committee on Best Practices and Standards Working Group on Access. Principles of Access to Archives. [Princípios de Acesso aos Arquivos]. Brisbane, Austrália: ICA, 2012. Disponível em: https://www.ica.org/en/principles-access-archives. Acesso em: 15 dez. 2020.

INTERNATIONAL COUNCIL ON ARCHIVES (ICA). ISAD(G): General International Standard Arquival Descriptions – 2nd edition. Ottawa, Canada: ICA, 2000. Disponível em: https://www.ica.org/en/isadg-general-international-standard-archival-description-second-edition. Acesso em: 15 jan. 2020.

INTERNATIONAL COUNCIL ON ARCHIVES (ICA). Universal Declaration on Archives. [Declaração Universal sobre os Arquivos]. Oslo, Noruega: ICA, 2010. Disponível em: https://www.ica.org/app/uploads/2024/01/ICA_2010_Universal-Declaration-on-Archives_PT.pdf. Acesso em: 15 dez. 2020.

INTERNATIONAL FEDERATION OF LIBRARY ASSOCIATIONS AND INSTITUTIONS (IFLA). Development and Access to Information 2024 – DA2I Report 2024. [Desenvolvimento e Acesso à Informação 2014]. Netherlands: IFLA, 2014. Disponível em: https://repository.ifla.org/items/dc855e75-7dec-4260-a90e--7b3f4709e631 Acesso em: 1 jan. 2025.

INTERNATIONAL FEDERATION OF LIBRARY ASSOCIATIONS AND INSTITUTIONS (IFLA). IFLA Guidelines for Library Services to Persons with Dyslexia – revised and extended. Netherlands: IFLA, 2014. Disponível em: https://www.ifla.org/files/assets/lsn/publications/guidelines-for-library-services-to-persons-with-dyslexia_2014.pdf. Acesso em: 20 dez. 2020.

INTERNATIONAL FEDERATION OF LIBRARY ASSOCIATIONS AND INSTITUTIONS (IFLA). IFLA Professional Reports, Nº. 108. Public Libraries, Archives and Museums: Trends in Collaboration and Cooperation. Alexandra Yarrow, Barbara Clubb and Jennifer-Lynn Draper. Netherlands: IFLA, 2014. Disponível em: https://repository.ifla.org/handle/123456789/599. Acesso em: 20 dez. 2020.

JARDIM, J. M. Sistemas e políticas públicas de arquivos no Brasil. Niterói, RJ: EDUFF, 1995.

JARDIM, J. M. Transparência e opacidade do Estado no Brasil: usos e desusos da informação governamental. Niterói, RJ: EDUFF, 1999a.

JARDIM, J. M. Acessibilidade e disseminação. In: MESA REDONDA NACIONAL DE ARQUIVOS. Rio de Janeiro, 1999b.

JARDIM, J. M. O inferno das boas intenções: legislação e políticas arquivísticas. In: MATTAR, E. (org.) Acesso à informação e política de arquivos. Rio de Janeiro: Arquivo Nacional, 2003. p. 37-45.

JARDIM, J. M. O inferno das boas intenções: legislação e políticas arquivísticas. In: MATTAR, E. (org.) Acesso à informação e política de arquivos. Rio de Janeiro: Arquivo Nacional, 2003. p. 37-45.

JARDIM, J. M. Políticas y sistemas de archivos. México: Secretaría General Iberoamericana: Red de Archivos Diplomáticos Iberoamericanos, 2010.

JARDIM, J. M.; MIRANDA, V. L. A implantação da Lei de Acesso à Informação nas Universidades Federais do Estado do Rio de Janeiro. In: ENCONTRO NACIONAL DE PESQUISA EM PÓS-GRADUAÇÃO EM CIÊNCIA DA INFORMAÇÃO - ENAN-CIB, 16., 2015, João Pessoa. Anais... João Pessoa, PB, 2015. p. 1-20. Disponível em: http://www.ufpb.br/evento/index.php/enancib2015/enancib2015/paper/viewFile/2835/1113. Acesso em: 10 nov. 2022.

JORENTE, M. J. V. Ciência da Informação: mídias e convergência de linguagens na web. São Paulo: Cultura Acadêmica, 2012.

KAFURE-MUNÕZ, I. Imagem, usabilidade e emoção. In: MANINI, M. P.; MARQUES, O. G.; MUNIZ, N. C. Imagem, memória e informação. Brasília, DF: Ícone Editora e Gráfica, 2010. p. 33-50.

LANCASTER, F. W.; FAYEN, E. G. Information Retrieval On-Line. Los Angeles: Melville Pub. Co., 1973.

LANNA JUNIOR, M. C. M. História do Movimento Político das Pessoas com Deficiência no Brasil. Brasília, DF: Secretaria de Direitos Humanos. Secretaria Nacional de Promoção dos Direitos da Pessoa com Deficiência, 2010. Disponível em: https://www.al.sp.gov.br/repositorio/bibliotecaDigital/21097_arquivo.pdf. Acesso em: 10 nov. 2022.

LE COADIC, Y-F. A Ciência da Informação. Trad. Maria Yêda F. S. de Filgueiras Gomes. Brasília, DF: Briquet de Lemos, 1994.

LIMA, B. C.; DANTAS, L. E. R. Inclusão: um direito fundamental da pessoa com deficiência. SIMPÓSIO REGIONAL SOBRE DIREITOS HUMANOS E FUNDAMEN-

TAIS, 2., 2013, Marília. Anais... Marília, SP: Univem, 2013. p. 18-30. Disponível em: http://www.univem.edu.br/file/artigo02.pdf. Acesso em: 10 jun. 2018.

LIMA, E. S.; FLORES, D. A utilização do Ica-AtoM como plataforma de acesso, difusão e descrição dos documentos arquivísticos de instituições públicas. Inf. Inf., Londrina (PR), v. 21, n. 3, p. 207-227, set./dez. 2016. Disponível em: https://www.uel.br/revistas/uel/index.php/informacao/article/view/24234. Acesso em: 20 jan. 2022.

LLANES PADRÓN, D. La representación normalizada de los documentos. Estudio comparado de normas de descripción archivística. 2011. 801 f. Tese (Doutorado em Biblioteconomia e Documentação) – Universidad de Salamanca, Salamanca, Espanha, 2011.

LOBATO, L. Vocês já pararam para pensar em quem se beneficia com as legendas? São Paulo, 20 mar. 2021. Instagram: @laklobato. Disponível em: https://www.instagram.com/p/CMp16frl7eH/. Acesso em: 20 mar. 2021.

LOPES, T. A. P. Acessibilidade dos surdos aos websites dos arquivos públicos da Região Sudeste. 2022, 45f. Trabalho de Conclusão de Curso (Departamento de Ciência da Informação, Curso de Graduação em Arquivologia) – Universidade Federal Fluminense, Niterói, RJ, 2022.

LUCCHESI, F. D. M. et al. Efeitos de um Programa de Ensino de Leitura sobre a Intelegibilidade da Fala de Crianças Usuárias de Implante Coclear. Psychology/Psicologia Reflexão e Crítica, Porto Alegre (RS), v. 28, n. 3, p. 500-510, 2015. Disponível em: https://www.scielo.br/j/prc/a/ySYqvGhpFJ5THVZhtVV6bGM/?-format=pdf&lang=pt. Acesso em: 20 mar. 2021.

MAIOR, I. L. 10 Anos da Convenção Internacional sobre os Direitos das Pessoas com Deficiência. In: SEMINÁRIO AUTONOMIA E DIREITOS PARA TODOS, dez. 2016. Disponível em: https://www2.camara.leg.br/atividade-legislativa/comis-soes/comissoes-permanentes/cpd/arquivos/apresentacao-dra-izabel-maior. Acesso em: 15 maio 2018.

MANTOAN, M. T. E. Inclusão escolar: o que é? por quê? como fazer? São Paulo: Moderna, 2003.

MARIANO, A. M.; ROCHA, M. Revisão da Literatura: apresentação de uma abordagem integradora. In: CONGRESO INTERNACIONAL AEDEM, International Conference Economy, Business and Uncertainly, 26., 2017, Reggio Calabria. Anais... Reggio Calabria, 2017. p. 427-443.

MARIZ, A. C. A. A informação na internet: arquivos públicos brasileiros. Rio de Janeiro: FGV, 2012.

MARQUES, A. A. C. A Arquivologia brasileira: busca por autonomia científica no campo da informação e interlocuções internacionais. Rio de Janeiro: Associação dos Arquivistas Brasileiros, 2013.

MARQUES, A. A. C.; RONCAGLIO, C.; RODRIGUES, G. M. (org.). A formação e a pesquisa em Arquivologia nas universidades públicas brasileiras. Brasília, DF: Thesaurus, 2011.

MARQUES, F. G. Accountability. In: GIOVANNI, G.; NOGUEIRA, M. A. Dicionário de Políticas Públicas. 2. ed. São Paulo: Unesp, 2015. p. 45-47.

MARSHALL, T. H. Cidadania, classe social e status. Trad. Melton Porto Gadelha. Rio de Janeiro: Zahar, 1967.

MARTINS, D. F. O Perfil Acadêmico do Arquivista da Universidade Federal Fluminense. In: SEMINÁRIO DE INICIAÇÃO CIENTÍFICA E PRÊMIO UFF VASCONCELLOS TORRES DE CIÊNCIA E TECNOLOGIA, 2., 1992, Niterói, RJ. Anais... Niterói, RJ: Pró-Reitoria de Pesquisa e Pós-Graduação - Imprensa Universitária Universidade Federal Fluminense (UFF), 1992. p. 275-279.

MARTINS JUNIOR, W. P. Transparência administrativa: publicidade, motivação e participação popular. São Paulo: Saraiva, 2004.

MARTINS, P. L. Acesso à informação: um direito fundamental e instrumental. Acervo, Rio de Janeiro, v. 24, n. 1, 2011. p. 233-244. Disponível em: http://hdl. handle.net/20.500.11959/brapci/43568. Acesso em: 10 nov. 2022

MATTOSO, V. A. Ora, direis, ouvir imagens? Um olhar sobre o potencial informativo da áudio-descrição aplicada a obras de artes visuais bidimensionais como representação sonora da informação em arte para pessoas com deficiência visual. 2012. 187 f. Dissertação (Mestrado em Ciência da Informação) – Programa de Pós-Graduação em Ciência da Informação, Universidade Federal do Rio de Janeiro, Instituto Brasileiro de Informação em Ciência e Tecnologia, Rio de Janeiro, 2012.

MEDEIROS NETO, B. Avaliação dos impactos dos processos de inclusão digital e informacional nos usuários de programas e projetos no Brasil. 2012. 223 f. Tese (Doutorado em Ciência da Informação) – Faculdade de Ciência da Informação, Universidade de Brasília, Brasília (DF), 2012.

MELO, K. I. Usuários dos arquivos: uma análise dos congressos nacionais de arquivologia. Acervo, Rio de Janeiro, v. 33, n. 3, 2020, p. 136-153. Disponível em: http://revista.arquivonacional.gov.br/index.php/revistaacervo/article/view/1558/1543. Acesso em: 10 nov. 2022.

MENDEL, T. Liberdade de informação: um estudo comparativo de direito comparado. 2. ed. rev. Atual. Brasília, DF: Unesco, 2009.

MIRANDA, R. C. R. et al. Informação legislativa: aspectos multiformes. In: MIRANDA, R. C. R.; SOUZA, J. R. C. (org.) O processo legislativo, o orçamento público e a casa legislativa. Brasília, DF: Câmara dos Deputados, Edições Câmara, 2013. p. 325-353.

MONTEIRO, A. R. Pessoas com deficiência: a trajetória de um tema na agenda pública. 2011, 160 f. Dissertação (Mestrado em Ciência Política) - Instituto de Ciência Política, Universidade de Brasília, Brasília (DF), 2011.

MOREIRA, L. Surdez Pré-lingual. Portal Otorrino, 2021. Disponível em: https://portalotorrino.com.br/surdez-pre-lingual/. Acesso em: 10 jan. 2022.

MOREIRA DE OLIVEIRA, S. Acessibilidade e usabilidade em curso online: um desafio para as escolas de governo. 2016. 125 f. Dissertação (Mestrado em Educação) – Faculdade de Educação, Universidade de Brasília, Brasília (DF), 2016.

NAKAMURA, P. M. M. O atendimento ao cidadão e o Portal da Câmara dos Deputados. 2013. 131 f. Dissertação (Mestrado em Ciência da Informação) – Escola e Comunicação, Universidade Federal do Rio de Janeiro, Instituto Brasileiro de Informação em Ciência e Tecnologia, Rio de Janeiro, 2013.

NEVES, A. J. et al. As implicações do implante coclear para desenvolvimento das habilidades de linguagem: uma revisão de literatura. Revista CEFAC, v. 17, n. 5, p. 1643-1656, set./out. 2015. Disponível em: https://www.scielo.br/j/rcefac/a/6BkxmD-jC7jDDLz9j6M7dQ6M/?format=pdf&lang=pt. Acesso em: 10 nov. 2022.

OLIVEIRA, M. A. D.; ALVES, M. V.; MAIA, M. A. Q. A função social do profissional da informação numa biblioteca inclusiva. In: CONGRESSO BRASILEIRO DE BIBLIOTECONOMIA, DOCUMENTAÇÃO E CIÊNCIA DA INFORMAÇÃO, 25., 2013, Florianópolis, SC. Anais.... Florianópolis: [s.n.], 2013. p. 1-12.

OLIVEIRA, J. N. N. Contribuições para o aprimoramento do acesso e visualização da informação em repositórios institucionais. 2015. 150 f. Dissertação (Mestrado em Ciência da Informação) – Centro de Artes e Comunicação, Universidade Federal de Pernambuco, Recife, 2015.

PAES, M. L. Arquivo: teoria e prática. Rio de Janeiro: FGV, 1997.

PINHEIRO, L. V. R. Processo evolutivo e tendências contemporâneas da Ciência da Informação. Inf. & Soc.: Est., João Pessoa, PB, v. 15, n. 1. p. 13-48, jan./jun. 2005. Disponível em: https://ridi.ibict.br/bitstream/123456789/23/1/I%26SPinheiro2005.PDF. Acesso em: 10 nov. 2022.

PINHEIRO, A. M. V.; TOFFOLO, A. C. R.; VILHENA, D. A. Reading strategies for the profoundly deaf Libras users: Benefits of speech and lip reading for strengthening linguistic skills. Estud. psicol., Campinas (SP), v. 37, n. 1, 2020. Disponível em: https://www.scielo.br/j/estpsi/a/7G6QWfYMQ4xkZ7MGFTZQgRy/?format=pdf&lang=en. Acesso em: 10 nov. 2022.

REGO, H. O.; FREIRE; I. M. Portais de Transparência como objeto de estudo na Ciência da Informação. Pesq. Bras. em Ci. da Inf. e Bib., João Pessoa, PB, v. 13, n. 1, p. 183-192, 2018. Disponível em: https://www.pbcib.com/index.php/pbcib/article/view/38937. Acesso em: 18 maio 2021.

REITZ, J. M. Dictionary for Library and Information Science. Westport, Connecticut: Libraries Unlimited, 2004. Disponível em: https://products.abc-clio.com/ODLIS/odlis_a.aspx. Acesso em: 18 maio 2021.

RIBEIRO, V. C. G. Uso da nomenclatura correta. 17 maio 2016. 13 slides. Material apresentado durante o Curso Acessibilidade: pensando a inclusão no ISC/TCU.

RIBEIRO, B. S.; ESLABÃO, L. Ensino e aprendizado de surdos: percepção de surdos usuários de tecnologias auditivas. 2021. 34f. Trabalho de Conclusão de Curso (Formação Pedagógica para Graduados não Licenciados) – Instituto Federal de Educação, Ciência e Tecnologia Sul-rio-grandense, Pelotas (RS), 2021.

RODRIGUES, G. M. A representação da informação em arquivística: uma abordagem a partir da perspectiva da Norma Internacional de Descrição Arquivística. In: RODRIGUES, G. M.; LOPES, I. L. Organização e representação do conhecimento na perspectiva da Ciência da Informação. Brasília, DF: Thesaurus, 2003. p. 210-229.

RODRIGUES, G. M.; HOTT, D. F. M. Sigilo e segredo na administração pública brasileira: a divulgação do dossiê sobre FHC ou o desvelamento do oportunismo dos governos em relação ao acesso aos documentos públicos. In: CONGRESSO BRASILEIRO DE ARQUIVOLOGIA, 25., 2008, Goiânia. Anais... Goiânia, GO: Associação dos Arquivistas Brasileiros. 1 CD-ROM.

RONDINELLI, R. C. O documento arquivístico ante a realidade digital: uma revisão conceitual necessária. Rio de Janeiro: FGV, 2013.

ROUSSEAU, J. Y.; COUTURE, C. Os fundamentos da disciplina arquivística. Lisboa: Dom Quixote, 1994.

SAES, D. A. M. A questão da evolução da cidadania política no Brasil. Estudos Avançados, São Paulo, v. 15, n. 42, p. 379-410, 2001. Disponível em: https://www.revistas.usp.br/eav/article/view/9813/11385. Acesso em: 26 jan. 2021.

SAMPIERI, G. C. B. O universo sonoro de desejo e reparação: o processo de legendagem para surdos e ensurdecidos. 2018. 194 f. Dissertação (Mestrado em Estudos de Tradução) - Instituto de Letras, Universidade de Brasília, Brasília (DF), 2018.

SANTOS, N. B. A Ciência da Informação e o Paradigma Holográfico: a utopia de Vannevar Bush. 2005. 185 f. Tese (Doutorado em Ciência da Informação) – IBICT/ECO, Rio de Janeiro, 2005.

SANTOS, N. B. D. A informação e o paradigma holográfico: a utopia de Vannevar Bush. DataGramaZero, [S. l.], v. 3, n. 6, 2002. Disponível em: http://hdl.handle.net/20.500.11959/brapci/6828. Acesso em: 26 jan. 2021.

SANTOS, V. B. A Arquivística como disciplina científica: princípios, objetivos e objetos. Salvador, BA: 9Bravos, 2015.

SANTOS, V. B.; INARELLI, H.; SOUZA, R. Arquivística: temas contemporâneos: classificação, preservação digital e gestão do conhecimento. Brasília, DF: SENAC, 2007.

SARACEVIC, T. Interdisciplinary nature of information science. Ciência da Informação, Brasília, DF, v. 24, n. 1, p. 36-41, 1995. Disponível em: https://revista.ibict.br/ciinf/article/view/608/610. Acesso em: 26 jan. 2021.

SASSAKI, R. K. Inclusão: construindo uma sociedade para todos. 8. ed. Rio de Janeiro: WVA, 2010.

SCHAMA, S. Cidadãos: uma crônica da Revolução Francesa. São Paulo: Companhia das Letras, 1989.

SCHNEIDER, R. E. Acessibilidade das pessoas com deficiência auditiva/surdez no contexto inclusivo: revisão de literatura. 2021. Trabalho de Conclusão de Curso (Curso de Licenciatura em Educação Especial) – Universidade Federal de Santa Maria, Santa Maria, 2021.

SCIENTIFIC ELECTRONIC LIBRARY ONLINE. Princípios reitores FAIR publicados em periódico do Nature Publishing Group [online]. SciELO em Perspectiva, 2016. Disponível em: https://blog.scielo.org/blog/2016/03/16/principios-orientadores-fair-publicados-em-periodico-do-nature-publishing-group/. Acesso em: 16 jan. 2021.

SHANNON, C. E.; WEAVER, W. The mathematical theory of communication. Urbana: The University of Illinois Press, 1964.

SILVA, E. P. O direito à cidade e o problema da acessibilidade interurbana em Natal/RN. 2018. 145 f. Dissertação (Mestrado em Estudos Urbanos e Regionais) – Centro de Ciências Humanas, Letras e Artes, Universidade Federal do Rio Grande do Norte, Natal (RN), 2018.

SILVA, T. A. Arquivo para todos: acesso e mediação informacional para usuários com deficiência no Arquivo Público do Estado do Rio Grande do Sul. 2022, 91f. Trabalho de Conclusão de Curso (Instituto de Ciências Humanas e da Informação, Curso de Arquivologia) - Universidade Federal do Rio Grande, Rio Grande, RS, 2022.

SIMÃO, J. B. A concepção de um modelo de cidade digital baseado nas necessidades informacionais do cidadão: o caso dos municípios brasileiros de pequeno porte. 2010. 132 f. Tese (Doutorado em Ciência da Informação e Documentação) – Departamento da Ciência da Informação e Documentação, Universidade de Brasília, Brasília (DF), 2010.

SMIT, J. W. O documento audiovisual ou a proximidade entre as 3 Marias. Revista Brasileira de Biblioteconomia e Documentação, Brasília, v. 26, n. 1/2, p. 81-85, jan./jun. 1993. Disponível em: https://www.eca.usp.br/acervo/producao-academica/000866736.pdf. Acesso em: 15 maio 2022.

SOUSA, A. P. M et al. Princípios da Descrição Arquivística: do suporte convencional ao eletrônico. Arquivistica.net, [S. l.], v. 2, n. 2. p. 38-51, ago./dez. 2006. Disponível em: https://brapci.inf.br/index.php/res/v/50012. Acesso em: 15 maio 2022.

SOUZA, J. W. "É poder contribuir, trazer a diferença e ser respeitado nas minhas limitações": qualidade de vida no trabalho de servidores públicos com deficiência em questão. 2017. 246 f. (Mestrado em Psicologia Social, do Trabalho e das Organizações) – Departamento de Psicologia Social e do Trabalho, Universidade de Brasília, Brasília (DF), 2017.

STRENTZ, H. El derecho de accesso a la informacion en los Estados Unidos. In: VILLANUEVA, E.; LUNA PLA, I. Derecho de accesso a la informacion publica. México: Universidad Autonoma de México, 2004. p. 236-245.

SUAIDEN, E. Inclusão com qualidade. Ibict.br/sala-de-imprensa, 28 jun. 2005. Disponível em: http://sitehistorico.ibict.br/Sala-de-Imprensa/noticias/2005/inclusao-com-qualidade. Acesso em: 4 fev. 2020.

SUAIDEN, E. Novo diretor do Ibict vai dar prioridade à inclusão social. Ibict.br/sala-de-imprensa, 24 maio 2005. Disponível em: http://sitehistorico.ibict.br/Sala-de-Imprensa/noticias/2005/novo-diretor-do-ibict-vai-dar-prioridade-a. Acesso em: 4 fev. 2020.

TAYLOR, H. A. Los servicios de archivo y el concepto de usuario: un estudio del RAMP. Paris, France: Unesco, 1984.

TAYLOR, R. S. Professional aspects of information science and technology. Annual Review of Information Science and Technology – ARIST, Paris (France), v. 1, p. 15-40, 1966.

TELLES, V. S. Direitos sociais: afinal do que se trata? Belo Horizonte, MG: UFMG, 2006.

TOFFOLO, A. C. R. et al. Os benefícios da oralização e da leitura labial no desempenho de leitura de surdos profundos usuários da Libras. Revista Brasileira de Educação, Rio de Janeiro, v. 22, n. 71, 2017. Disponível em: https://www.scielo.br/j/rbedu/a/pQsrq4swznPfhm9djvsPXkc/?format=pdf&lang=pt. Acesso em: 20 nov. 2020.

UNITED NATION. CRPD and Optional Protocol Signatures and Ratifications. 2016. Mapa. Disponível em: https://www.un.org/disabilities/documents/maps/enablemap.pdf Acesso em: 2 set. 2024.

UNIVERSIDADE FEDERAL DE SANTA MARIA (UFSM). Departamento de Arquivo Geral. Projeto Retalhos da Memória de Santa Maria. Santa Maria, RS: UFSM/DAG, 2017. Disponível em: https://www.ufsm.br/orgaos-suplementares/dag/2017/09/26/deficientes-de-audiocomunicacao-em-1986/. Acesso em: 20 nov. 2020.

VAZ, G. A. A importância dos estudos de usuários na formação do arquivista. 2015. 134 f. Dissertação (Mestrado em Ciência da Informação) – Escola de Ciência da Informação, Universidade Federal de Minas Gerais, Belo Horizonte, 2015.

VAZ, G. A. Práticas informacionais em arquivos: contexto social dos usuários do Arquivo Público Mineiro. 2019. 232 f. Tese (Doutorado em Ciência da Informação) – Escola de Ciência da Informação, Universidade Federal de Minas Gerais, Belo Horizonte, 2019.

VENTURA, L. A. S. Coronavírus: isolamento reforça importância da acessibilidade digital. Estadão, São Paulo, 20 mar. 2020. Disponível em: https://brasil.estadao.com.br/blogs/vencer-limites/coronavirus-isolamento-reforca-importancia-da--acessibilidade-digital/. Acesso em: 15 out. 2020.

VLIBRAS – Tradução de Português para Libras. Suíte VLibras. Brasília, DF: Ministério da Economia, Universidade Federal da Paraíba (UFPB), 2016. Disponível em: https://www.vlibras.gov.br/#vlibras. Acesso em: 10 jan. 2020.

W3C. World Wide Web Brasil. Missão do W3C. 2011. Disponível em: https://www.w3c.br/sobre-o-w3c/. Acesso em: 21 jun. 2018.

WERSIG, G. Information, Kommunikation, Dokumentation. München-Pullach: Dokumentation, 1971.

WERSIG, G.; NEVELLING, U. The phenomena of interest to Information Science. Inf. Scien., v. 9, n. 4, p. 127-140, 1975. Disponível em: https://sigir.org/files/museum/pub-13/18.pdf. Acesso em: 15 jan. 2020.

WORLD HEALTH ORGANIZATION (WHO). World Report on Disability. Malta: WHO, 2011. Disponível em: https://www.who.int/publications/i/item/9789241564182. Acesso em: 15 jan. 2020.

WORLD HEALTH ORGANIZATION (WHO). World Report on Hearing. 2021. Disponível em: https://www.who.int/publications/i/item/9789240020481. Acesso em: 12 maio 2022.

WORLD HEALTH ORGANIZATION (WHO). Who Global Disability Action Plan 2014-2021: Better health for all people with disability. 2015. Disponível em: http://apps.who.int/iris/bitstream/handle/10665/199544/9789241509619_eng.pdf?sequence=1. Acesso em: 4 jul. 2018.

ZINS, C. Conceptions of information science. JASIST, Estados Unidos, v. 58, n. 3, p. 335-350, 2007. Disponível em: https://onlinelibrary.wiley.com/doi/abs/10.1002/asi.20507. Acesso em: 4 jul. 2018.